WIZARD
トレーディングエッジ入門

WIZARD BOOK SERIES Vol.138

利益を増やしてドローダウンを減らす方法

ボー・ヨーダー [著]
長尾慎太郎 [監修] 井田京子 [訳]

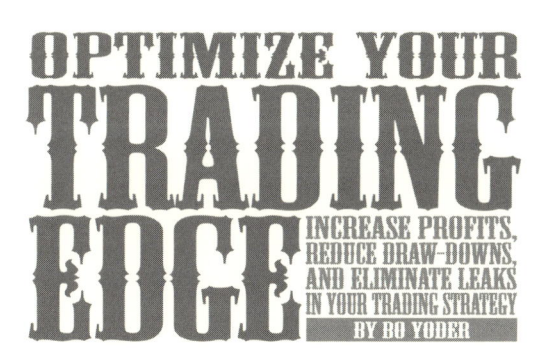

OPTIMIZE YOUR
TRADING
EDGE
INCREASE PROFITS,
REDUCE DRAW-DOWNS,
AND ELIMINATE LEAKS
IN YOUR TRADING STRATEGY
BY BO YODER

Pan Rolling

Optimize Your Trading Edge: Increase Profits, Reduce Draw-Downs, and Eliminate Leaks in Your Trading Strategy by Bo Yoder

Copyright © Bo Yoder

Japanese translation rights arranged with the McGraw-Hill Companies, Inc. through Japan UNI Agency, Inc., Tokyo.

【免責事項】
この本で示してある方法や技術、指標が利益を生む、あるいは損失につながることはないと仮定してはなりません。過去の結果は必ずしも将来の結果を示すものではありません。この本の実例は、教育的な目的でのみ用いられるものであり、この本に書かれた手法・戦略による売買を勧めるものではありません。

監修者まえがき

　本書は、ボー・ヨーダーがトレード戦略の最適化について著した"Optimize Your Trading Edge"の邦訳である。ここで定義されているトレード戦略のエッジとは、マーケットの非効率性から発生する確率的に優位なトレードを指す。一般的にはおおざっぱに言って、トレード戦略の用い方には２つの方法があり、長い期間にわたってロバストに効くファクターに一貫してベットするか、もしくはマーケットが変化するのに合わせて常に新しいアノマリーを探し続け、次々とベットするファクターを切り替えていくかである。この観点で見ると、ボー・ヨーダーが述べているのは前者のアプローチである。つまり、個々人がマーケットの観察を経てエッジのあるトレード戦略を見つけ、それを長期にわたって利用していくことを前提としている。

　さて、トレード経験のある方であれば実体験でもって理解されているように、どんなに長期的にロバストであったファクターやアルゴリズムであっても、その効き具合は時間の経過と共に変化するものである。ボー・ヨーダーはこれをペイアウトサイクル・ペイバックサイクルとして定義し、効き具合が悪いときには資金を引き、良いときには資金を投入すればよいとしている。

　だが、こういったタイプのマネーマネジメントは、実用に耐えるレベルのものを編み出すことはなかなか難しいのが現実であり、実際にはある戦略が有効な局面とそうでない局面を判別するためのアルゴリズムを別に持たなくてはならない。しかし、本書でボー・ヨーダーが提示しているようにPLを観察することによって、これを判別することは実用的で一番簡潔な方法であり、それによってレバレッジの調整を行う術（アート）を習得できれば、トレードの累積損益曲線を飛躍的に向上させることになるだろう。

ところで、もうひとつ本書のなかで注意を引かれるのは、トレーダーが遭遇するストレスに抗するために、エクササイズが推奨されている点である。ボー・ヨーダーはそれに数ページを割いて解説しているが、これはとても重要なことでありながら、あまり語られない事項である。同趣旨のことを公に提唱しているのは、私の知るかぎり『新マーケットの魔術師』（パンローリング）においてインタビューされたトム・バッソだけである。これは私自身がそういったタイプであるゆえに確信を持って断言できるのだが、ボー・ヨーダーの言うように、あるカテゴリーに属するトレーダーにとっては、精神的な平安を維持するためにエクササイズが絶対に不可欠であり、それなくして安定的に一貫してトレードを行っていくことは難しいのである。もし読者自身がその該当者だと思い当たることがあるならば、ぜひ継続的に身体を動かすことをお勧めする。その努力は必ずトレード結果にそれが返ってくるはずである。

　最後に、本書の出版に当たっては、翻訳者の井田京子氏、編集者の阿部達郎氏、パンローリング社の社長である後藤康徳氏に感謝の意を表したい。本書はトレード戦略におけるエッジとは何か、そしてそれを如何に利用すべきかについて簡潔かつ明瞭に解説がなされている。本書が読者の成功の一助になることを願うものである。

2008年4月

長尾慎太郎

筆者の目標が何であれ、必ず成功する日が来ると確信していた母に捧げる

目次

監修者まえがき　　　　　　　　　　　　　　　　1
序文　　　　　　　　　　　　　　　　　　　　　9

第1章　「エッジ」とは何か　　　　　　　　　11

ギャンブルのルール　　　　　　　　　　　　　12
統計的エッジの力　　　　　　　　　　　　　　14
 確率論の基本
統計的優位を最大にする　　　　　　　　　　　21
 サンプルとモデル
期待利益　　　　　　　　　　　　　　　　　　23
 ポーカーの教え
 現実とのギャップ

第2章　ペイアウトサイクルとペイバックサイクル　　29

損益の周期性　　　　　　　　　　　　　　　　31
PPサイクルを予想するには　　　　　　　　　41
 転換期のかなめとなる出来事を見極める

第3章　選択的な攻撃性　　　　　　　　　　45

10Kルール　　　　　　　　　　　　　　　　45
リスク・リワード戦略　　　　　　　　　　　　49
 低勝率・高リスク・リワード・レシオ戦略
 高勝率・低リスク・リワード・レシオ戦略
練習問題　　　　　　　　　　　　　　　　　　55

第4章　トレード計画を立てる　　　57

- 規律とは何か　　　57
- ストップロスの水準は慎重に選ぶ　　　60
- リスク額の正確なレベルを決める　　　62
- トレード計画を立てる　　　64
  - 困難なマーケットに備える
  - 計画に従う

第5章　自分のエッジを活用する　　　69

- 内容が乏しいトレード計画　　　69
- 小さな利益と大きな損失　　　70
- ポジションサイズが適当ではない　　　71
- 価格変動のリスクを受け入れられない　　　72
- マーケットに対するアプローチが一貫していない　　　73
- 自分の戦略のエッジを使いこなす　　　74
  - レバレッジ
  - 増し玉をする
- 富を生み出すトレードプログラムを開発する　　　78

第6章　トレーダーか、投機家か、それとも投資家か　　　87

- アキュミュレーション・ディストリビューション・サイクル　　　89
  - 小売業のシナリオ
  - 金融市場のシナリオ
  - 損失に対する恐怖

目次

売る理由 92
トレーダーの学習曲線 93
   神秘のフェーズ
   「ホットポット」フェーズ
   悲観的フェーズ
   迷いのトレーディングフェーズ
   内面的飛躍フェーズ
   マスターフェーズ

第7章　マーケットはなぜ動くのか　　105

利益を上げるための投機 106
大衆が思っている方向を見極める 107
株価チャート 112

第8章　多数派は常に間違っている　　119

20EMA 119

第9章　パターン認識のワナ　　135

ペナントパターン 135
   モグラトレード
   マグネットトレード
チャートのストーリーを読む 145

第10章　高値と安値を観察する　　　147

行動の動機付け　　　　　　　　　　　　147
儲かるトレードは退屈だ　　　　　　　　150
降伏トレード(もし可能ならば)　　　　　152
マーケットの高揚期　　　　　　　　　　156
ピークリバーサルの心理　　　　　　　　158
自分のストレス反応を管理する　　　　　161

第11章　自分はどのようなタイプのトレーダーか　165

テスト１──力がつくまでの長い期間を生き残る

テスト２──安定したリターンを達成する

テスト３──柔軟性を学ぶ(変化を恐れないこと)

自分の性格に合ったエッジを探す　　　　169
逆張りトレード　　　　　　　　　　　　170
１週間の価格動向を利用する　　　　　　172

複数の時間枠のトレンド

高いリスク・リワード・レシオ

勝率はひどく過大評価されている

「安全」なトレードも失敗することがある　　183

LTCM

アマランス・アドバイザーズ

ビクター・ニーダホッファ

為替市場の魅力　　　　　　　　　　　　186

目次

第12章　マネーマネジャーを雇う　　191
ファイナンシャルプランナーに聞くべきこと　　194
1. ポジションごとのリスク管理をどうしているか
2. どのようにして、未実現利益を本当の利益として実現するか
3. 平均ドローダウンをどの程度と予想しているか
4. 報酬体系はパフォーマンスを基本としているか
5. すべての資産を現金にしておくことに対してどう思うか

自分の投資哲学について考える

ETFへの投資

ときどき……戦略を少し変更してみる　　200
リワードはリスクと相関している

第13章　まとめ　　205

第14章　幸運と素晴らしいトレーディングを祈る　　209

付録A　基本のエッジ分析ワークシート　　211
付録B　トレード計画用ワークシート　　214
付録C　トレーディング・チャレンジ・ワークシート　　216
付録D　複合利益ワークシート　　220
付録E　執行コストワークシート　　224

序文

　初めてトレーディングをしたとき、筆者はファンダメンタルズを基本とした「投資」心理でマーケットに臨んだ。事業の徹底的な分析というきつい労働の割にあまり成果が出ないこの手法で、「バリュー株」や素晴らしい会社を割安で買うチャンスを探していたのだ。そして、筆者が分析した会社の大部分は、株価が膨れ上がって割高だという結果が出た。ところが、この割高で「悪い」はずの銘柄が何度も驚異的な利益を上げる反面、筆者の分析では「良い」はずの銘柄がトレンドをなくして失速していった。この経験から、筆者は「マーケットで儲けるためには、虚偽の前提に基づいたトレンドを探し、それが誤りであると判明する直前まで乗り続ける」という概念に徹することを決心した。

　筆者にも、「認識がいずれ現実になる」という思考に動かされている政治によく似た世界がマーケットだということがだんだん分かってきた。重要なのは客観的に見た株の本当の価値ではなく、大衆が認識した資産の魅力と潜在利益なのだ。もしある銘柄やセクターが「流行」していれば、決算発表という冷たいシャワーで現実に引き戻されるまで、大衆は株価を天文学的なレベルまで押し上げていく。こうなると、欲望と恐怖、心理、注文の流れなどが潜在利益の上限まで株価を押し上げていくと考えざるを得ない。そこで筆者は、価格と出来高を、投資のパフォーマンスを決定する「ファンダメンタルズ」として観察し、マーケットが動いてから投資判断を下す保守的なトレーディングモデルを新たに構築した。

　この新しい投資概念を使うとパフォーマンスが上がり始めたため、次はエッジ（優位性）の数学的側面と構造を調べることにした。そして、自分に有利なトレードパターンになったときの潜在利益を大幅に

増加させる仕掛けの作戦を考案したことで、筆者はファンダメンタリストからチャーチスト兼エッジアナリストへの転身を果たした。トレードの仕方について書かれたものは数多くあるが、利益が上がるトレーディング戦略の構造を総合的に述べたものはあまりない。本書で紹介したアイデアが、エッジに関する読者の考えを一新し、将来の金融取引を向上させる手助けになればうれしい。本書で紹介しているのは、筆者の長年の調査と、世界のマーケットで何年もかけて数千件に上るトレードを実行してきた経験の集大成と言ってよい。この方法がトレーディングエッジを最大化し、新たな段階の自由と利益を読者にもたらすことを願っている。

　幸運とトレーディングの成功を祈る。

What Is "Edge"?

第1章 「エッジ」とは何か

勝者のエッジは、天賦の才でも、高い知能指数でも、才能でもない。勝者のエッジはすべてその姿勢であり、適性ではない。適性は、むしろ成功の条件だ。
　　　　　　　　　　　　——デニス・ウエイトリー（能力開発研究家）

　人間は、生まれつき積極的にリスクをとろうとするようにできている。はるか昔に危険な世界で生きていたわれわれの先祖も、身の安全が危険にさらされていないときには、運試しのゲームを考案していた。4000年以上も前に、中国やエジプトやローマで、ギャンブルが行われていたという証拠も残っている。

　この古代の運試しゲームには、たいてい羊や鹿のくるぶしから取った四角い骨が使われていたが、そのうちに象牙や石で作ったサイコロが生産されるようになった。紀元前約1500年にはエジプトで象牙のサイコロがいくつも見つかっているし、紀元前900年にはエトルリア人がラスベガスのカジノで使われているのとよく似た数字入りのサイコロを作っていた。

　古代では、だいたいにおいて運試しのゲームは文明がもたらした迷信的かつ宗教的な行為の一部になっていた。確率論や数学はまだ発達していなかったため、古代人はギャンブルの結果を毎回、神が自ら決定していると信じていた。現在ならば、このような古代の運試しは、サイコロに物理的な不備がないかぎり、統計的確率に基づいた純粋なギャンブルだということをだれでも知っている。これらのゲームは、コイン投げと同様、単純に勝敗が決まるため、長時間プレーした結果は支払い方法の数学的構造ではなく、ゲーム自体のルールによっ

て決まる。そこで、われわれのエッジの調査も、古代エジプトではなく1560年のイタリアの都市パビアから始めることにしよう。

ギャンブルのルール

　ジェロラモ・カルダーノは、ルネッサンス期イタリアの数学者で医者で占星術師、そして何よりも賭博師だった。レオナルド・ダ・ビンチの友人でもあったカルダーノについて最もよく知られているのは代数学の業績だろう。1560年代に、カルダーノは運試しのゲームに関する『リブラ・デ・ルド・アレア（Liber de Ludo Aleae）』を執筆した（出版されたのは死後の1663年）。この本は、恐らく運試しゲームを確率論の視点から体系的に扱った最初のものと言えるだろう。このなかで、カルダーノは現在では当たり前になっているサイコロの確率の原則を説明している。カルダーノは、「次に２が出る確率は」という質問に数学的に答えることで、初めてサイコロの目が神の意思では決まらないものとして、調べを進めていった。
　この発想の転換は簡単なことのように見えるが、非常に意味深い効果をもたらした。17世紀の賭博師の視点に立って考えてみてほしい。神がサイコロの目を決めているのではないことが分かれば、プレーした結果を観察し理解することで、ゲームのルールに基づいて結果を正確に予想することができるようになる。そして、もしひとりのプレーヤーだけに偏った結果が出ていれば、そのプレーヤーは敵に対して統計的に優位にあり、「エッジ（優位性）」を持っていることになる。
　このことから、次のような定義と原則を導き出すことができる。

**　　コイン投げのような公平なゲームに、１回に１ドルを賭けた場合、統計的にどちらか一方が優位になることはない。短期的に見れば、一時的な統計的アノマリーが一方のプレーヤーに「幸運な連勝」**

をもたらすことはあるかもしれないが、時間がたてば２人のプレーヤーの勝率はスタート時と同じになる。プレーヤーのひとりが次のトスで勝つ確率は50％だし、負ける確率もまた50％だ。

ただし、優位性のあるゲームなら一方のプレーヤーが統計的に優位（エッジ）に立っている。この優位性は明らかなときもあれば（例えば、１、２、３、４が出れば勝ちで５か６なら負け）、数学的な設定に組み込まれていることもある（例えば、表が出れば２ドル勝ち、裏が出れば１ドル負ける）。

一例として、次のような優位性のあるゲームを見てみよう。相手がサイコロを投げて、その目を当てるゲームだ。相手は１ドルの賭け金を支払い、予想した目を出せばこちらが４ドル支払うというルールになっている。

表面的には賭け金に対して大きな払戻金が魅力的に見えるが、このルールは実はかなりこちらが有利になっていて、長時間プレーしていればこちらの期待利益のほうが大きくなる。サイコロ（６面）を投げた結果は機械的な確率に基づいているため、このゲームの優位性（エッジ）は可能な結果を論理的に考えていけば、正確に算出できる。

サイコロには６つの面があり、次の目を当てる確率は６分の１だ。このゲームのルールに従えば、６面のうちの１面ひとつが相手が予想した面で、それが出ればこちらは４ドルの損失になる。これが起こる確率は16.66％（６分の１）だ。しかし、６面のうち５面は相手の負けとなり、賭け金の１ドルはこちらの利益になる。こうなる確率は83.33％（６分の５）だ。

もしこのゲームが１回だけ行われれば、こちらが４ドルを失う可能性は16.66％ある。しかし、長くプレーしていれば、結果は統計的確率に近づいていく。もし、100回プレーすれば、こちらは１ドルの賭け金を83回獲得して利益総額が83ドルになるのに対し、相手は目を当

てて4ドルを17回獲得して利益総額は68ドルになると考えられる。利益から損失を引けば、こちらの純利益は15ドルだ。今回の賭けでは、この15ドルがエッジの結果で、割合に直すとこのゲームは1ドルの賭け金に対して15%の利益を優位なプレーヤーにもたらすと言える。

相手が毎回1ドルの賭け金を支払うならば、こちらの利益の統計的期待値は毎回15%となる。もし別の相手がこの話を聞きつけて毎回100ドルの賭け金で参加したいと言えば、統計的には毎回15ドルの利益が期待できる。このエッジの潜在利益に気づいた人が、翌日の晩に自宅に10人のプレーヤーを招待したとする。全員がそろったところで、1回20ドルでゲームを始めれば、サイコロを投げるたびに200ドルの賭け金が入り、時間の経過とともに15%の優位性によって毎回30ドルがポケットに貯まっていくことになる。もし1時間にサイコロを100回投げるとすれば、このゲームが生みだす収益は、1時間で約3000ドルにもなる。

統計的エッジの力

ラスベガスのカジノが自分たちに有利なゲームに参加させるため、何十億ドルもかけて壮大なカジノ場を建設し、プレーヤーを引きつけようとする理由は、まさにこの統計的エッジの力にある。統計的優位性がカジノ側にもたらす力をさらによく理解するために、ルーレットでカジノが享受しているハウスエッジ(控除率)を分析してみよう。

アメリカのルーレット盤には38のスロットがあり、それぞれに数字が書いてある。プレーヤーは次のスピンの結果を予想して賭け金をフェルトに書かれた数字の上に置く。このとき、賭けるのは単独の数字でも良いし(1～36)、数字の組み合わせや、単に赤か黒か(18個の数字は黒、残りの18個は赤)でも良い。ルールも結果も複雑に見えるかもしれないが、ルーレットテーブルにおけるカジノ側の強力なエッ

ジの仕組みは単純だ。カギとなるのは、ボールが0か00のスロットに入るときで、0か00以外に賭けた人はすべて負けになり、「ハウス」には大きな利益が入る。

　最も単純な賭け方は、赤か黒かに賭けることだ。仮に、赤に10ドルを賭けたとしよう。ルーレットには10ドルの儲けにつながる赤の数字が18あり、残りの黒の数字18と0と00は10ドルの損につながる。ここで、カルダーノの確率の研究を応用すれば、この賭けは0と00のスロットがなければ公平になる。もし0と00がなければ、100回のスピンのうち50回は賭けた色にボールが入ると期待できる。しかし、実際にはスピンのたびに5.26％（38スロット中2つ）の確率でボールは0か00のスロットに入り、これがカジノ側に有利に勝率をゆがめている。5.26％優位なカジノ側は、100ドルの賭け金ごとに5.26ドルの利益が期待でき、1時間に平均約45回スピンすれば簡単に利益が積み上がっていくことは想像に難くない。

　通常、カジノは最も一般的な運試しのゲームにおいて非常に強力なエッジを持っている。統計的な優位性は機械的なものなので、サンプル数が十分大きければ結果は極めて正確に見積もったり予測したりできる。カジノ場に数多くのテーブルが並べられているのはそのためだ。もしルーレットテーブルが1つしかなければ、カジノはエッジがもたらす自然な分散結果で利益が変動して苦しむことになる。ところが、ルーレットテーブルが10台、あるいは複数のカジノを合わせて100台あれば、大数の法則によって、5.26％の優位性はほぼ保証されていると言ってよい。

一般的なカジノでハウスが享受しているエッジ	
クラップス（パスライン）	1.41%
ルーレット	5.26%
スロットマシン	8〜15%
バカラ	1.29%
カジノウォー（サレンダー）	3.73%
ブラックジャック	5.9%（戦略があれば1％程度）

確率論の基本

　大数の法則は、確率の基本定理のひとつで、サンプル数や独立した試行回数が増えれば、経験的確率は理論的（統計的）確率に近づいていくという法則だ。簡単に言えば、ランダムな出来事でもサンプル数が大きくなると統計的な確率に近い結果が出る可能性が高くなる。この理論は、15世紀末にスイスの数学者、ヤコブ・ベルヌーイが初めて提唱したもので、彼の死後に刊行された著作『アルス・コンジェクタンディ（Ars Conjectandi）』（推測法）は、数学的確率論の最も基礎を成す文書と言われている。

　大数の法則（ベルヌーイの定理）を証明するために、サイコロを投げて出る目の確率を見てみよう。サイコロには6つの面があるため、5の目が出る確率は6回に1回と言うこともできる。ただ、この統計的確率は絶対でも、6回投げて必ずそのうちの1回が5になる確率はそう大きくはない。結局、6分の1の確率で5が出ると自信を持って言えるのは、サンプル数が十分に大きい場合のみなのである。

　試行を繰り返していけば、大数の法則が実際に機能することを目で確認することができる。サイコロを6個用意し、それを100回投げて

5が出る回数を記録したとする。統計的に言えば、5は毎回1つ出るはずで、10回投げれば10回、100回投げれば100回出るはずだ。ただ、大数の法則を信じる筆者でも、1回目に5が出る自信はまったくなかったし、最初の10回で5が約10回出る自信もあまりなかった。しかし、実験の終わりに5が100回出ることに関しては、自信満々だった。

```
2  6  6  6  4  2        5が出た回数＝0回
  （1回目は5は出なかった）
3  3  1  2  5  6        今までに5が出た回数＝1回
2  3  6  1  5  5        今までに5が出た回数＝3回
2  2  2  1  6  6        今までに5が出た回数＝3回
4  2  2  2  4  6        今までに5が出た回数＝3回
5  3  6  5  5  2        今までに5が出た回数＝6回
5  4  4  5  5  3        今までに5が出た回数＝9回
5  4  2  4  4  5        今までに5が出た回数＝11回
6  4  2  3  5  3        今までに5が出た回数＝12回
4  6  3  4  6  1        今までに5が出た回数＝12回
```

10回投げて、5は12回出た。これは統計的確率より2回多く、実験は「先行」ぎみとも言える。

```
3  5  3  2  3  6        今までに5が出た回数＝13回
6  4  6  5  4  1        今までに5が出た回数＝14回
2  4  1  3  5  3        今までに5が出た回数＝15回
```

上の3回では、5が毎回1つずつ出ていて、「統計的に完全」

な結果となった。しかし、自然にこのような結果が出ることはまれにしかない。

6	4	6	2	3	2	今までに5が出た回数＝15回
4	1	5	6	2	1	今までに5が出た回数＝16回
3	6	1	1	4	4	今までに5が出た回数＝16回
2	6	5	2	6	3	今までに5が出た回数＝17回
3	6	5	3	3	2	今までに5が出た回数＝18回
3	2	6	2	3	5	今までに5が出た回数＝19回
2	4	1	3	6	2	今までに5が出た回数＝19回

　20回目が終了したところで、5が出たのは19回と、統計的確率よりも「遅れて」いる。

4	5	5	6	5	6	今までに5が出た回数＝22回
2	1	5	4	2	1	今までに5が出た回数＝23回
6	5	1	1	1	4	今までに5が出た回数＝24回
2	6	1	3	5	5	今までに5が出た回数＝26回
1	3	3	6	1	6	今までに5が出た回数＝26回
4	1	6	1	5	3	今までに5が出た回数＝27回
5	6	6	1	4	2	今までに5が出た回数＝28回
5	4	4	1	4	1	今までに5が出た回数＝29回
6	6	1	6	5	3	今までに5が出た回数＝30回
5	6	5	3	5	4	今までに5が出た回数＝33回

　30回投げて、再び結果が少し先行している。5が出た回数は、統計的確率である30回より多い33回となっている。

6	5	6	3	2	4	今までに5が出た回数＝34回
2	5	2	5	4	3	今までに5が出た回数＝36回
1	2	6	4	4	2	今までに5が出た回数＝36回
1	3	5	1	6	5	今までに5が出た回数＝38回
4	3	2	1	2	5	今までに5が出た回数＝39回
5	3	4	2	1	2	今までに5が出た回数＝40回
1	4	3	6	6	3	今までに5が出た回数＝40回
5	1	6	6	2	3	今までに5が出た回数＝41回
6	2	3	4	4	3	今までに5が出た回数＝41回
4	3	2	3	3	2	今までに5が出た回数＝41回
3	1	3	4	5	4	今までに5が出た回数＝42回
3	5	5	4	3	3	今までに5が出た回数＝44回
1	1	4	4	3	6	今までに5が出た回数＝44回
4	2	5	5	6	6	今までに5が出た回数＝46回
3	2	3	1	4	6	今までに5が出た回数＝46回
1	4	2	4	2	6	今までに5が出た回数＝46回
5	3	2	1	4	3	今までに5が出た回数＝47回
2	5	1	4	3	2	今までに5が出た回数＝48回
1	1	1	3	5	4	今までに5が出た回数＝49回
5	2	3	6	1	3	今までに5が出た回数＝50回

　50回投げて大数の法則が機能し始めたことが分かる。統計的期待値の50回に対して、実際にも5がぴったり50回出ている。

6	3	4	5	6	3	今までに5が出た回数＝51回
3	4	3	5	1	2	今までに5が出た回数＝52回
6	2	4	4	5	1	今までに5が出た回数＝53回
3	4	3	1	4	1	今までに5が出た回数＝53回

3	3	2	2	5	3	今までに5が出た回数＝54回
1	3	3	6	4	6	今までに5が出た回数＝54回
2	2	2	3	6	5	今までに5が出た回数＝55回
2	5	1	5	1	4	今までに5が出た回数＝57回
2	4	2	5	5	2	今までに5が出た回数＝59回
4	2	6	5	3	2	今までに5が出た回数＝60回
4	1	3	5	5	4	今までに5が出た回数＝62回
3	3	4	1	5	3	今までに5が出た回数＝63回
4	3	4	6	4	6	今までに5が出た回数＝63回
4	2	4	3	1	2	今までに5が出た回数＝63回
6	3	4	4	3	2	今までに5が出た回数＝63回
3	2	6	3	6	4	今までに5が出た回数＝63回
5	3	6	6	1	3	今までに5が出た回数＝64回
4	5	2	3	2	2	今までに5が出た回数＝65回
4	2	6	6	2	4	今までに5が出た回数＝65回
6	3	6	5	3	4	今までに5が出た回数＝66回
5	6	5	4	6	4	今までに5が出た回数＝68回
2	1	5	2	2	4	今までに5が出た回数＝69回
4	5	4	6	2	1	今までに5が出た回数＝70回
6	6	6	2	1	2	今までに5が出た回数＝70回
5	4	6	4	4	5	今までに5が出た回数＝72回
1	3	3	6	6	5	今までに5が出た回数＝73回
6	5	3	5	3	5	今までに5が出た回数＝76回
2	3	6	4	2	6	今までに5が出た回数＝76回
2	5	4	1	3	1	今までに5が出た回数＝77回
1	5	1	1	6	2	今までに5が出た回数＝78回
5	6	6	4	2	3	今までに5が出た回数＝79回
3	3	4	5	2	4	今までに5が出た回数＝80回

5	5	1	6	5	1	今までに5が出た回数＝83回
6	6	5	5	5	6	今までに5が出た回数＝86回
1	5	6	4	1	5	今までに5が出た回数＝88回
2	5	3	3	2	3	今までに5が出た回数＝89回
4	3	4	1	6	5	今までに5が出た回数＝90回
3	6	2	3	6	3	今までに5が出た回数＝90回
1	4	1	2	1	5	今までに5が出た回数＝91回
5	5	1	6	6	1	今までに5が出た回数＝93回
1	5	2	4	5	1	今までに5が出た回数＝95回
4	2	1	4	1	4	今までに5が出た回数＝95回
1	6	3	2	2	6	今までに5が出た回数＝95回
5	3	2	2	1	1	今までに5が出た回数＝96回
5	6	3	3	1	3	今までに5が出た回数＝97回
1	6	2	5	4	4	今までに5が出た回数＝98回
6	4	6	2	4	2	今までに5が出た回数＝98回
2	4	1	4	6	2	今までに5が出た回数＝98回
5	1	3	5	4	3	今までに5が出た回数＝100回
2	4	3	3	3	1	今までに5が出た回数＝100回

　実験終了。5が出た回数は、途中で先行したり遅れたりしながらも結局は100回投げて100回と、統計的に期待した結果になった。

統計的優位を最大にする

　これまで述べてきたとおり、カジノで行われている運だめしゲームの確率は機械的な特性を持っているため、エッジの概念がうまく機能

する好例として使うことができる。6面のサイコロがまさにそうだ。サイコロの面の数は決まっていて、4000年前から同じ方法で製造されている。そのため、エッジ分析は単純に数学の問題として扱うことができる。

ただし、本書の目的は世界の金融市場における優位性を最大にすることにある。市場という有機的な団体は、感情や経済的圧力や文化・社会の変化に対応して常に変化し、入れ替わっている。ここで変わらないのは「変化している」ということだけで、ときにはルールさえ分からなくなる。もしカジノのエッジが明瞭な領域の一端だとすれば、金融市場はその反対側に位置している。この2つの関係を理解するために、2つの間に実在する統計的優位性を基にしたビジネスを検証していくことにしよう。

サンプルとモデル

考えてみれば、保険契約の根底にあるのは単純な賭けだ。自分が次の3カ月間に自動車事故に巻き込まれるとは思っていなくても、事故は金銭的にも健康的にも極めて大きな損害をもたらしかねない。このようなリスクを負いたくないため、運転者は保険会社が設定した金融の賭けに参加する。このとき、契約者は自動車事故に巻き込まれたときに必要となる金額に賭け、保険会社はその賭けに「応じる」。保険会社は、契約の適正価格を算出するため、統計的なサンプルとモデルを使って、契約者が大惨事に巻き込まれる可能性をかなり正確に予測する。このような予想が立てられるのは彼らが契約者の運転能力や習慣を知っているからではなく、十分な数の自動車保険を売れば大数の法則によって彼らの統計モデルに近い結果が出ることを知っているからだ。契約者と同じ年齢層で一定の数の運転者が事故に遭っていれば、彼らの請求額の合計は予想平均値に近づいていく。保険会社は、この

損失をそれ以外の顧客が支払う保険料で相殺し、差額が保険会社のその期の利益となる。

先の例で見たとおり、エッジ（あるいは統計的優位）は負ける確率とプラスのリスク・リワード・レシオの関数になっている。コイン投げやルーレットの赤に賭けるといった公平なゲームも、確率を変えたり（例えば、ルーレットに負けのスロットを２つ追加するなど）、支払い方法を調整することで、エッジの入った状態に転換できる。もし100ドルの賭け金でコイン投げをしないかと言われたら、公平なゲームだし、ギャンブルを楽しむ気持ちでプレーしようと思うかもしれない。しかし、もし同じゲームで賭け金の２倍を支払うと言われれば、統計的優位がもたらす莫大な利益を期待して、ありったけの金額を引き出すために銀行のATMに走ることになる。

実は、保険会社が保険を販売するときも、まさにこの公式で分析を行っている。彼らは契約者の運転記録を同年代の運転記録と比較して、契約者が自動車事故に巻き込まれる確率を予測する。この確率が分かれば、長期的に必ず利益が出るように自由にリスク・リワード・レシオを決めることができる。保険業界は極小の確率を扱っているため、大きな逆リスク・リワード・レシオを設定することで利益を上げながら存続している。顧客が大事故に遭えば多額の支払いを強いられることは分かっているが、もし最初のリスク分析が正しければ、毎月受け取る何千件もの少額の保険金が、この損失を補って余りあることも分かっているからだ。

期待利益

金融市場で投資をしたりトレードを仕掛けたりすることは、実質的にほかのトレーダーの損失に保険を掛けることでもある。上昇トレンドが続くという前提で株を買うとき、株の売り手は買い手とは反対の

意見に基づいて将来利益を得る権利を放棄する代わりに、リスクも排除している。反対に、株を買うということは、損失のリスクを引き受ける代わりに、今後発生するすべての利益を獲得する権利を得ることを意味している。この意見の違い（一方は「良い」リスクをとったと考え、他方は「悪い」リスクを排除したと考える）は、すべての金融市場における基本的な利益の源になっている。ただ、誤解しないでほしい。トレーディングはゼロサムゲームであり、利益を実現するためには別のトレーダーが間違った決断を下し、不利だと信じたポジションのリスクをとってくれなければならない。利益とは、相手の機会損失や破産によってもたらされるものなのだ。

ポーカーの教え

　金融投機には特定の仕組みやルールがないため、トレーダーはそれぞれトレンド分析に対するアプローチを決めなければならない。これと同じように自由な選択肢がある唯一のギャンブルがポーカーであり、このだれでも知っているカードゲームからはトレードに関する多くの教えを得ることができる。ポーカーにはもちろん、ハンド（役）の序列、ベットの順番、ディーリングなどに関する厳格なルールはあるが、それでもこのゲームには個人のスタイルを反映できる驚くべき柔軟性がある。ポーカーのプレーヤーは、どのハンドにするか決めたあとでも、相手のプレースタイルの分析やベットの状況を見ながらオープンハンドを変えていくことができる。ハンドは相手が手の内を見せないまま奪われてしまうこともあれば、最初から良い札が入ることもあるし、最初はまったく価値がない札でもディール中に正しい札が来て大金につながる場合もある。

　ポーカーは、金融市場の正確な代用として観察することが可能なため、マーケットの概念をよりよく理解するためのツールとして利用で

きる。筆者は長年、コンサルティングを行っている顧客に対し、ポーカーの例えを使ってトレード戦略の利益率を最大にするエッジの概念を説明している。ポーカーは参加者の性格や心理に大きく影響されるゲームなので、分析過程もルーレットの例よりもかなり複雑になる。この「人間性」の要素が加わることで、数学的に導き出したエッジと実際の経験には驚くほど大きな違いが出てくる。数学的に完全な戦略は、相手が常に予想できる動きをすることが前提になっているが、これがめったに起こらないことはポーカーをする人ならだれでも知っている。話を単純にするため、ここでは友人宅で6人のノーリミットホールデム（手持ちのチップを全額ベットできる）でプレーしているものとする。ちなみに、ポーカーをオンラインや大手カジノでプレーすると、ハウスが「レイク」（プレー代として賭け金から引かれる手数料）の形で直接的にエッジを行使してくる。ここでは、正式ではない「ホームゲーム」の形式にすることで、レイクというマイナス効果を無視して話を進めることにする。

　テレビ放映の効果で、テキサスホールデム・ポーカーは現在のカジノで一番人気のポーカーになっている。このゲームでは、最初に2枚のカードが裏向きで配られ、ベットが行われたあと5枚のコミュニティーカードが表向きに置かれる。各プレーヤーは手持ちのカードを使ってできるだけ良いハンドを作り、ショーダウンで最高のハンドを作ったプレーヤーがポットの賭け金を獲得する。裏向きのカードが配られたあと、ベットのラウンドがあり、その後コミュニティーカードの最初の3枚（「フロップ」）が表向きでテーブルの中央に配られる。この時点で、大部分のプレーヤーには自分がハンドを作れるかどうかが分かっているため、次の表向きのカードが配られる（「ターン」）前のベットラウンドで多くの人が賭けを降りてしまう。そして、次のベットラウンドが始まると、最後の表向きのカード（「ザ・リバー」）が配られる。最後のカードを受け取って、これ以上ハンドが改善する余地

がない状態で、ベットの最終ラウンドが行われる。

　ここで、数学的に完璧なポーカー戦略の理論的エッジを分析してみよう。もし最初の２枚がＡＡ、ＫＫ、ＱＱ、ＪＪのどれかならば、平均勝率は約81％になる。しかし、もし相手が２人ならこの確率は67％に下がるため、表向きのカードに対する作戦も立てておかなければならない。数学的に完璧な戦略では、先の４つのハンドのみをプレーし、手持ちの資金をすべて使って、相手がひとりを残して全員降りるまでベットしていく。以前の例から分かるとおり、エッジ分析の最初のステップは、勝率を明確にすることだ。ここではＡＡ、ＫＫ、ＱＱ、ＪＪしかプレーするつもりはないので（いわゆる良い手）、欲しいカードはデッキのなかに16枚しかない。このとき、最初のホールカード（２枚のカード）でＡ、Ｋ、Ｑ、Ｊが出る確率は52分の16（30％）となる。そして、もし幸運にもこのうちの１枚が配られれば、次にペアになるカードが配られる確率は51分の３（約６％）だ。つまり、両方合わせると、この戦略に合うハンドが配られる可能性はわずか1.8％（30％×６％）しかないことになる。

　もし１時間に平均50ハンドが配られるとすれば、一晩で３時間プレーする間に良い手の２つや３つは来ることが期待できる。ただ、１回目の強制的なベット（「ブラインド」）は0.50〜1.00ドルなので、一晩プレーすればこれだけで37.50ドルは確実に失うことになる（この「諸経費」は金融市場でトレードするときの取引コストと非常に似ている）。もし100ドルでゲームを始めれば、待っているカードが配られるころには手持ちの資金が80〜90ドルになっているということだ。ここまでで、今回の戦略のシミュレーションを行い、純粋に数学的なエッジを定義するためのパラメーターはすべて出そろった。

　もしポーカーを１年間、毎週１回３時間ずつプレーするとすれば、良い手は141回配られることが期待できる。そして、このうち勝ちが114回、負けが27回と予測できる。もし１ポットの平均的な儲け（ま

たは損失）が90ドルなら、年間利益は次のようになる。

勝ち　114回×90ドル＝10260ドル
負け　 27回×90ドル＝ 2430ドル

総利益7830ドル－ブラインド1950ドル＝純利益5880ドル

　5880ドルを114回で割ると、期待利益は1ハンド当たり52ドルになる。もちろん連勝や連敗の時期もあるかもしれないが、年間で見れば十分なサンプル数になるため、結果はならされる。しかし本当にそうなのだろうか。実は、紙の上では儲かりそうなこのポーカー戦略が、現実の世界では絶対に負けてしまうことは保証してもよい。

現実とのギャップ

　人間がかかわると、判断、感情、直感などが結果をゆがめていく。まずいつもプレーしている友人が、すぐにこの４つの最高ハンドしかプレーしていないことに気づく。そうなると、ベットすれば相手は自分も同じ手を持っていないかぎり降りてしまう。つまり、最高のハンドを作っても、大きく儲けるチャンスはほぼなくなる。そのうえ、もしベットが大きくなるときは、相手が極めて高いハンドを持っていると考えられる。こうなると平均勝率は下がり、結果的に先に分析した戦略モデル自体が使い物にならないことになる。筆者は、理論的な数学的エッジと経験的エッジの違いを「現実とのギャップ」と呼んでいる。
　数多くのシステムトレーディングモデルが試験段階では理想的に見えても、実際に金融市場で使ってみると損失という立ちしか生み出さない理由は、まさにこの現実とのギャップにある。実際の市場では、トレード戦略の数学的な可能性に加えて、マーケットが変化する可能

性も分析しなければならない。この戦略はマーケットに影響を及ぼすのか。マーケット環境が変われば、この戦略のパフォーマンスはどのように変わるのか。どのようなマーケット環境が最大のエッジをもたらすか、などと考えるのだ。筆者はこの最後の質問こそが最も重要だと考えている。

第2章

The Payout/Payback Cycle

ペイアウトサイクルと
ペイバックサイクル

……周期的反復の法則によって、一度起こったことは何度も何度も繰り返す。気まぐれではなく、定期的に、それぞれがほかとは違う独自の法則に従って。
　　　　　　　　　　　　　　　　　　　　　——マーク・トウェイン

　筆者は長年にわたり、エッジ・コンサルタントとして個人投資家や投資家グループに助言してきた。そして、この経験から、次のような単純な事実を何度も何度も確認した。

　トレード戦略や、時間枠や、金融商品や、分析方法が何であれ、マーケットはトレーダーの戦略に合ったり合わなかったりしながら果てしなくサイクルを繰り返していく。

　トレーディングの概念によって、サイクルのレベルは違うが、金融投機におけるペイアウトサイクルとペイバックサイクルはどのマーケットにもある。

　トレーディングには、スタイルごとに「完璧」なマーケット環境が存在する。マーケットが自分の戦略に合っていれば、仕掛けたトレードがすべてスムーズにいき、損失が出ることはほとんどないため、積み上がっていく利益を見ながら最高の気分になるだろう。連勝が続いて簡単に儲けを手にすれば、興奮と自信は高まっていく。しかし、残念ながら、この素晴らしい連勝が望みどおり長く続くことはめったにない。マーケットの環境はいずれ変化し、たとえそれがほんのわずかでも、再び損失が出始める。トレードの勝率が少しずつ低下していく

と同時に、躁うつ病的サイクルが始まってトレーディングが以前のようにうまくいかなくなると、それまでの興奮と高揚感がいら立ちと痛みへと変わってくる。この、「ゼロ」から「ヒーロー」に駆け上がってから再び「ゼロ」に戻る定期的なサイクルこそ、ビジネスとしての投機が失敗する確率が高い理由だと筆者は考えている。マーケットと足並みをそろえたことによる利益から、足並みがそろわないことによる損失への一貫した自然なシフトを、筆者はペイアウトサイクル・ペイバックサイクル（PPサイクル）と呼んでいるが、これがときにはトレーダーの感情を大いに混乱させる。

　筆者は、部屋にこもってペイバックサイクル（損失）を打ち破る方法を探すことに人生の多くの時間を浪費してきた。もし有効なエッジの選択肢がいくつかあれば、マーケット環境が変化するたびに戦略を素早く切り替えて、ペイアウトサイクルから常に外れないようにすることができる。しかし、どれほど独創性と創造性に富んだペイバックサイクルの回避作戦をもってしても、この試みはいつも完全に打ち砕かれた。結局、筆者の戦略はどれもペイバックサイクルにつかまらないことを目指しながら、ペイアウトサイクルのあとを追いかけることになってしまっていた。パフォーマンスが上がる戦略を見極めるための十分なデータが集まったころには、その戦略のペイアウトサイクルが一巡してペイバックサイクルに戻りかけていたのだ。

　このことに気づいた筆者は、この不可能な探求をやめ、焦点を絞ることにした。長期間パフォーマンスを上げ、すべてのマーケット環境において強固なエッジを示したトレーディング概念のみに集中することにしたのだ。そこで、まずは筆者のトレーディングプログラムをサイクルの観点から分析し、ポートフォリオのなかから最も頻繁にペイアウトフェーズにとどまっていたエッジを探してみた。そして、そのなかのどの戦略がペイアウトサイクルで、どの戦略がペイバックサイクルなのかを最も正確に予想できていたかを見極めようと試みた。

損益の周期性

　損益の周期性がPPサイクルとつながりがあることに気づいた筆者は、エッジ分析の仕方を変えることにした。これらのパターンになったりならなかったりする資金の流れを、金融市場という海を流れる潮のようにとらえることにしたのだ。人生の大半を海の近くで過ごしてきた筆者は、潮の干満の力を十分理解している。当然のことながら潮の流れにはけっして抵抗すべきではない。しかし、それまでの筆者は資金の流れに逆らおうとしているようなものだった。そこで方針を変え、潮の流れに対抗するのではなく、同調する方法を模索し始めた。視点を変えてみると、比較的簡単にマーケットが特定のトレードスタイルに合っていない時期を見分けることができるようになった。そして、このような損失を重ねるペイバックサイクルのときはトレードの頻度や積極性を控えれば、戦略に合わないマーケットで仕掛けのシグナルに従って損失を被るケースをいくつも回避できることが分かった。

　筆者は、それまでも損失回避がトレーディングエッジ全般に与える効力を常に意識してきた。ただ、過去に行った損失回避の分析は、いつもミスを排除することが基本だった。もし顧客が１カ月に平均２回ミスしているのなら、そのミスをなくす構造をデザインすれば利益率は早急に向上する。損失を回避できれば、その分は直接的にその月の結果を押し上げるからだ。しかし、もしPPサイクルの分析を応用してトレーディングの損失を回避する方法が見つかれば、それを利用しても最高のスピードと効率で結果を改善することができるのではないだろうか。

　もしあるトレーディングプログラムがペイバックサイクルという損失が続く苦しみのなかにあることを正しく見極めることができれば、マーケット環境が再びペイアウトサイクルに転換するまでその戦略を一時停止することができる。そして、サイクルごとに一度か二度の失

敗を避けられれば、年間パフォーマンスはそれまでのほぼ２倍になるだろう。当然ながら、この突破口に筆者は興奮したし、新しい概念を使った試みは非常にうまくいった。それからは新たな理論で経験を積み、PPサイクルの周期性が不変の真理だという筆者の確信は深まっていった。

　そして、筆者がコンサルティングを行っているトレーダーに多く見られる感情と規律の間違いの根本的な原因が、PPサイクルにあることも分かってきた。トレーダーたちはペイアウトサイクルがもたらす高揚感にとらわれ、積極性を増していくが、そのころには勝率は低下し始めている。また、彼らはペイバックサイクルにいるときは気弱になり、損失の痛みを避けようと利益が出るはずのトレード戦略をやめてしまったりもする。

　次に、PPサイクルをうまく処理できなかった典型的な例を紹介しよう。これを見れば、このサイクルがもたらす本当のダメージがよく分かるだろう。近年、筆者がかかわった数百人に上るトレーダーや顧客のなかで、PPサイクルの扱いを間違っていなかった人は片手で数えるほどしかいない（かなりのサンプル数があるため、大数の法則によってPPサイクルの誤った扱いはトレーダーの世界における普遍的な問題だということを筆者は自信を持って記しておく）。

ペイアウトサイクルとペイバックサイクルの誤った扱いの例

トレーダーの経歴

ジャック――トレーディング口座の残高は２万5000ドル
● 最近、新しい戦略を発見し、S&P500指数先物のトレードを始

めようとしている
- １トレード当たりのリスクはトレード資金の１％とし、それに合わせてポジションサイズを調整している
- トレードを始めてしばらくたつが、それでもまだどちらかと言えば経験不足
- PPサイクルをまったく知らない

ジル──トレーディング口座の残高は２万5000ドル
- 偶然にもジャックが最近発見したのと同じ戦略でトレードしている
- １トレード当たりのリスクはトレード資金の１％とし、それに合わせてポジションサイズを調整している
- トレーディングを初めて何年もたつため、非常に経験豊富
- PPサイクルについて完全に理解している

トレーダーとマーケットとのかかわり

　これからこの２人のトレーダーを観察していくが、現在は２人ともペイアウトサイクルのもたらす利益を甘受している。ジルはマーケットがペイアウトサイクルにあることを正しく理解していて、さらに積極的に仕掛けている。ジャックは、今回の試みが始まるとき、最高の気分にひたっていた。書斎で何カ月もかけて発見した新しい戦略を試したところ、最初の２～３件のトレードが実際に利益を上げたからだ。新しいエッジがその能力を示し、これから「大金」を稼げるようになるのは間違いないとジャックは感じている。
　１週目が終わると、ペイアウトサイクルは最盛期を迎え、この週に行った７件のトレードのうち、損失はわずか１件だった。ジ

ャックのトレード口座の残高はこの週1500ドル増え、積極的に仕掛けたジルは1650ドルの利益を上げた。翌週のトレードを始めるとき、ジルは７件中６勝という勝率が異常に高いことを認識している。また、このように堅調なペイアウトサイクルのあとは、マーケットがペイバックサイクルの環境に向かって変化し始めることも彼女は知っている。

　一方のジャックは、ペイアウトサイクルのもたらす高揚感にすっかりひたっていた。自分の戦略が「証明された」と感じ、来週は利益を増やすためにポジションサイズを大きくしようと考えている。ところが、月曜日の最初に仕掛けたトレードが損失になった。火曜日のトレードは小さな利益を上げたが、前週までの簡単に儲かる状態ではなくなっていたのだ。ジルは、この週のトレードを慎重に仕掛け、セットアップがうまくいかなくなってきたことを客観的に観察していた。そして、次の日に有効なシグナルが出たら通常の半分のポジションサイズで仕掛けようと決めていた。

　ジャックは、どんな戦略でもときには損失が出ることを知っている。そして、前週上げた利益がもたらした高揚感を思い出しながら、この２日間の不調は「何も心配することはない」のだと正当化している。しかし、水曜日には、またこの戦略が大きく失敗し、利益を上げるトレードはひとつもなくなってしまった。ジルは、この不調が、ペイアウトサイクルからペイバックサイクルへ変化したことの確認だと解釈している。彼女は過去の経験から、ペイアウトサイクルの環境が完全に整うまでには数日かかることを知っている。つまり、この戦略では週の残りも利益が上がらないことが予想できる。彼女は、低い（あるいはマイナスの）利益しか期待できない環境下でのトレーディングを控えることに決め、週の残りはトレーディングを休むことにした。

　ジャックは、この何日かの出来事に感情を害している。「彼の」

新しい戦略の失敗に精神的な苦痛を味わっているのだ。そのうえ、ポジションサイズを大きくしたため、今週の損失がトレード口座に与えた「打撃」は、通常サイズの場合よりも大きくなっている。しかし、どうしてもこのところの損失の「埋め合わせ」をしたいジャックとしては、ポジションサイズを減らすつもりはない。むしろ大きなサイズのトレードが１件か２件成功すれば、トントンになるという希望を抱いて、明日はさらに積極的にトレードしようとすら考えている。

　幸運なことにジャックはこの衝動を乗り越え、明日も同じポジションサイズでトレードすることにした。ジルのほうは、数日間コンピューターから離れた生活を楽しんでいたため、週の終わりには精神的な疲れが癒やされ、判断力を回復していた。一方のジャックは、パソコンの画面をにらみながら連敗の「不運」を嘆いていた。一体、どうしてしまったのだろう。トレード分析を間違ったのだろうか。それとも、前週あれほどうまくいっていたエッジが突然消えてしまったのだろうか。彼のトレーディング口座は、今週1700ドルの損失を出し、連勝だった前週の利益をすべて失ったばかりか、逆に赤字に転落したことで、いら立ちはさらに募っている。そこで、彼はトレードをやめて書斎に戻り、もう一度調査結果を読み返してトレード戦略を見直すことに決めた。ジャックは、チャートを熟読し、ペイバックサイクルを打ち破る方法を探すという無駄な取り組みに週末を費やした。

　ジャックが自分の間違い探しという精神的に消耗する作業に週末を費やしたのに対し、ジルは新しいリサーチと休暇によって、回復した活力をもって新しい週を迎えた。日曜日に前週に実行しなかったトレードを試算してみると、もし実行していれば木曜日と金曜日で最低でも750ドルの損失が出ていたことになる。それでも約500ドルの実損が出ているが、ペイバックサイクルを見極

めてマーケットから一時的に撤退したことでそれ以上の損失を回避できたことに満足している。それに、このようなひどい連敗が続けばマーケットはそろそろ新たなペイアウトサイクルに変化していくことが考えられるため、ジルは月曜日のトレード再開を楽しみにしている。ペイアウトサイクルが近づいているので、ポジションは平常サイズに戻すつもりだ。

　月曜日、取引開始のベルが鳴るとジルはトレーディングを始めた。ただ、ペイバックサイクルはまだ完全には終わっておらず、最初のトレードは大失敗で、素早く損切りした。一方のジャックも、月曜日に精神的な疲れを残したままトレードを再開した。週末にパソコンの前で根をつめて調べていたせいで集中力が途切れ、最初の仕掛けのシグナルを見逃してしまった。ただ、このトレードを実行したとしても失敗に陥っていたことが分かると、むしろ良かったと思った。そして、このことからこの週は今の戦略でつもり売買に徹することを決めた。

　ジルは、月曜日の損失にもさほど不快感はなかった。ペイバックサイクルが終わりかけていることを確信していたし、もしそうなれば、この先には新たな連勝が待っている。明日もいつもどおりトレードする予定だ。翌日は２回仕掛け、両方とも小さな利益を上げた。そして水曜日になると、マーケットに活気が戻り始め、本格的なトレンドが始まった。木曜日はペイアウトサイクルがヒートアップして、連勝のうちに取引が終了した。金曜日は多少入り混じった展開になったが、それでも多少の利益が上がってこの週は高止まりのまま終わった。

　この間、ジャックはマーケットを観察しながら自分の戦略でつもり売買を行っていた。水曜日と木曜日の利益を取れなかったことに多少いら立ってはいるが、自分の戦略が再び利益を出し始めたことにはかなり安心している。金曜日、ジャックは通常の半分

のサイズで「少し試してみる程度」のトレードを再開することにした。こう決めた背景には、過去２回のトレードで大きな利益を取り損ねた痛みがある。ジャックは、見送ったトレードの利益を取り戻したいとあせり、金曜日に衝動的にトレーディングを再開したのだった。

　マーケットは２日間堅調に推移したあと勢いが衰え、金曜日の最初の有効シグナルは負けトレードになった。ジャックはだまされた気分になった。あとから考えれば、この日のトレード再開は感情的な判断だった。この週の負けトレードは通常の半分のサイズだったにもかかわらず、精神的なダメージは大きかった。そこで、この日はトレードを切り上げたが、これは次のシグナルがかなりの利益を上げるのを恐ろしい気持ちで眺めることにしかならなかった。結局、彼は勝ちトレードのすべてを逃し、罰のようなトレードだけに実際の資金を投じてしまっていた。怒りといら立ちで１週間を終えたジャックは、先週からの連敗を後悔し、この展開にうんざりして週末を楽しむ気分にはなれない。結局、ろくに食事もせず、酒ばかり飲んで、だれとも話さずに不機嫌なまま週末は過ぎてしまった。

　この週のジルの成績は勝ちと負けが入り混じっていたが、PPサイクルに対する判断に従って行動できたことで満足していた。週の儲けは大きくはなかったが、それでも750ドルの利益は出た。そして翌週の月曜日の取引開始には、トレードの準備が整っていた。この日、利益を出して午前を終えると、ジルはこの週の展開を楽しみに明るい気分で昼食に出かけた。一方、ジャックの落ち込みはますますひどくなっていた。前夜に飲みすぎて寝過ごしたため、勝てるトレードを見送ってしまったからだ。「なんであれをトレードしなかったのか」と自分自身に悪態をつき、いら立ちと困惑が次第に怒りに変わっていった。

火曜日も勝ちトレードの日だったが、ジャックはひどく取り乱していたため、シグナルが出ても仕掛けることができないでいた。いら立ちは頂点に達し、ひどいかんしゃくを起こし、「もういい」と叫んで拳をキーボードに打ちつけるありさまだ。結局、「明日はどんなことがあってもトレードしてやる」と言ってその日はさっさと寝てしまい、翌日はやる気マンマンで取引開始を迎えた。この日の最初のトレードは成功で、素早く利食ったジャックは「ほら見ろ」と叫ぶと、独善的な怒りがこみ上げてきた。ここ何件かのトレードにおけるジャックの感情は、ジェットコースター並みに上下していた。そして、「ヒーローからゼロへ」のサイクルのなかで怒りといら立ちと困惑によって負った傷と、「ゼロ」がもたらす屈辱と報復したい気持ちに耐えていた。
　この浮き沈みがジャックの感情を混乱させている間も、ジルは平常心で自分の数年来のトレード計画を着実に実行していた。彼女はマーケットがペイアウトサイクルに入っていると判断していたため、再び積極的なトレードができるようになっていた。また、ポジションサイズを少し大きくして、勝ちトレードの利益を少し多めに搾り取ることも決めた。週の半ばには利益が1750ドルに達し、損失はまだ出ていない。ただ、ジルは何をしてもうまくいくようになってきたらペイアウトサイクルの終わりが近いことを経験上知っている。そこで、木曜日はそれまでより注意深くトレードに臨んだ。実際、木曜日と金曜日のマーケットは入り混じった状態で、ジルの戦略でもわずかな利益しか出なかった。しかし、彼女はこの週の2000ドルの利益に満足しており、翌月曜日からはPPサイクルの分析に従って注意深くトレードしようと計画している。
　ジャックもこの週は大きな利益を上げ、トレード口座はドローダウンから脱却した。今週の利益によって、今月の残高はプラ

ス650ドルになったのだ。ただ、再び利益は出るようになっても、気持ちの面ではまだ憔悴している。そして、敗北感にひたりながら、翌週は結果を気にせず一か八かですべてのパターンを試してみようなどと思っている。しかし、このかたくなな考えは、責任逃れでしかない。トレード管理を怠って運を信じるだけでは、トレーディングもPPサイクルもコントロールすることはできない（トレーダーにとって、「なるようになるさ」というあきらめの思考は本当の危険シグナルになり得る）。

テスト期間最後の週

　一連のショッキングな経済発表によってマーケットは打ちのめされ、結局この週に利益を上げたトレードは２件しかなかった。ジルはペイバックサイクルを予想していたが、あまりに激しい混乱状態に驚いている。ただ、スリッページによって予想以上の損失が出た悪いポジションに引きずられながらも、困難を予想していたため保守的なトレードに徹し、週の損失を1100ドルに抑えることができた。慎重なトレードと、ペイバックサイクルに入ったことを認識してシグナルを見送ったことから、１週間で合計500ドルの損失を回避することができた。

　この混乱の週、ジャックは「トレーディングの神様」が利益をもたらしてくれると信じて息を潜めていた。この２～３週間というもの、彼は考えるたびに精神的に手痛い損失を被ってきたため、今回は「規律を持ったトレード」に徹して、何度ストップに達したとしてもすべてのシグナルを厳格に実行しようと思っている。ところが、この週は彼の戦略にとって特に悪い週で、金曜日にうんざりしながらトレードを終えたときには、合計損失額が1500ドルに達していた。怒りといら立ちのなか、ジャックはブローカー

に電話を掛け、トレード口座を解約した。またひとり、トレーダーがマーケットから消えていった。

ジャックがマーケットを去るという悲劇は、彼のトレード戦略にエッジが欠けていたからではなく、PPサイクルをうまく管理できなかったことが原因だ。彼はマーケットがトレーダーを待ち受ける精神的な落とし穴にすべて落ちるという間違いを犯し、その行動がエッジあふれる戦略を恐怖と怒りに満ちたデススパイラルへと転換してしまった。

教訓

- ジャックは、利益が上がるペイアウトサイクルに入っても、自分の戦略が再びうまく機能し始めたことを確認するまで積極的になれなかった
- その後、マーケットで勝ちトレードが続くのを確認してトレーディングを始めたが、このときにはペイアウトサイクルが終わって新たなペイバックサイクルが始まっていた
- ジャックはPPサイクルの対応を間違ったため、トレーディング資金の1500ドルを失った
- 同じ期間に同じ戦略を使いながら、PPサイクルに適切に対応したジルはトレード資金を2800ドル以上増やした

しっかりとした実務上の知識と、PPサイクルの分析に対する明確な理解と対応は、安定したパフォーマンスを維持するために欠かせない。平均的な月において、PPサイクルに適切に対処すれば、すべてのトレードに対してかたくなに同じ方法を守るトレーダーと比較してはるかに大きいリターンを手にすることができる。ただ、積極性とポ

ジションサイズの「調整」の欠点は、1年に二～三度起きる可能性がある強烈なペイバックサイクルで、いわゆる「スーパーサイクル」に直面したときだ。苦しくていら立ちが募るこの時期のマーケットは、価格動向が支離滅裂で予測がつかない。そして、ペイアウトサイクルからペイバックサイクルへの転換期を見分ける目安となるカギも機能しなくなる。それまでうまくいっていたエッジがまったく機能しなくなり、勝率も水の泡となるかもしれない（このように混沌としたスーパーサイクルが1年間続いてドローダウンがトレード資金を一掃すると、顧客が筆者のようなエッジコンサルタントを訪れることになる）。

そして、このような混乱期には、ほかのマーケット参加者が歴史的な損害を被ったなどという悲惨なニュースが流れる。さらに、ヘッジファンドの破綻や、株価のギャップで個人投資家が資産の大半を失った、膨大な資金が先物市場に流れ込んだ、などという話も、みんなペイバックスーパーサイクルの印と考えてよいだろう。

PPサイクルを予想するには

どうすれば自分のトレード戦略に対応するPPサイクルを見極め、それを予想することができるのだろうか。これができれば利益率をすぐに驚くほど向上できる可能性があるが、実はこれこそ筆者がコンサルタントとして顧客に提供している主なサービスのひとつなのだ。作業はまず、顧客の過去20～50件のトレードを分析することから始める。そして、顧客のトレーディングの概念が分かってきたら、成功するための勝率（確率）を設定する。次に、これまでの利益記録を使って、顧客のトレード戦略の平均リターン率を算出する。この2つのパラメーターがそろったら、前に見たコイン投げやルーレットの例と同じ方法でエッジを算出する。1トレード当たりの期待利益が分かったところで、トレード記録から顧客の戦略のPPサイクルがいつだったのか

を探っていく。あとから見れば、赤字と黒字の波はたいてい簡単に見つかる。そして、サイクルの正弦波が明らかになったところで、本題である問題解決のための作業が始まる。

転換期のかなめとなる出来事を見極める

筆者は、犯罪小説に出てくる探偵のように、顧客のトレード口座がペイアウトサイクルからペイバックサイクルに移ったり、再びペイアウトサイクルに戻ったりする転換期を探していく。顧客のトレード結果から、転換期のかなめとなる出来事を見つけだす手がかりを探っていくのだ。かなめとなるのは常に繰り返す行動や出来事で、これは顧客のPPサイクルの変化に先行することが多い。これらの出来事は、顧客によっても、トレード戦略によっても違っているが、次のような特性を手がかりに見つけることができる。

1. いら立たしいマーケットの動きに反応したトレードしすぎ状態によるトレードの頻度の変化
2. ドローダウンの始まり
3. 単なる精神的な疲労

マーケット環境が自分のトレード戦略に不利になると積極性やトレード数が大幅に増すトレーダーが多いことに、

> **インサイダーのアドバイス**
> 通常より大きいドローダウンを避けることは、エッジとPPサイクル分析の強力なメリットになる。現在、サイクルのどの部分にいるのかが見極められるようになれば、過去のパフォーマンスに基づいて、現在のドローダウンが通常の水準なのか、それとももっと深刻な状態なのかが分かる。もし損失額が危険ゾーンに入ったら、トレード計画の「ブレーカー」を落としてマーケットを離れ、トレーディング環境が改善するまで待てばよい。

筆者はいつも驚かされる。そして、そのことがトレードに関するもうひとつのよくある誤解、つまり「トレード利益を増やすためには、リスクとポジションサイズを増やすべし」という間違いを招いている。多くのトレーダーが「もっと頻繁にトレードする」、あるいは「もっと多くの銘柄をトレードする」と利益率が上がるという間違った感覚を持っている。しかし、プロとしても個人としても、筆者のこれまでの経験から言えば、トレードを減らしたほうがエッジも利益率も上昇する。

第3章 選択的な攻撃性
Selective Aggression

私は、私の行動によって苦しむ人がいればその行動を控え、助かる人がいればその行動を広める。間違いが明らかになればそれを直そうと努力し、新しい見方が真実だと分かればすぐその見方を取り入れるつもりだ。

――エイブラハム・リンカーン

　筆者はこの何年かの間に、トレーディングの世界で活躍する何人かのヒーローに直接会って話を聞くという栄誉に恵まれた。彼らは筆者を鼓舞し、マーケットがプロのトレーダーに課してくるドローダウンやそのほかの辛い経験に遭ってもトレードを続けていく支えとなってくれている。筆者もこの仕事を始めたばかりのときは、彼らが筆者の知らない「秘密の」情報を持っているから自分よりも稼いでいるのだという間違いを本気で信じていた。しかしすぐに、彼らが経験と調査によって当時の筆者よりも多くのエッジを手にしていることに気づいた。そして、彼らが毎年マーケットで何百万ドルもの利益を上げているのは、ポジションサイズによるものだということを知った。

10Kルール

　例えば私が500ドルのリスクをとって1500ドルの利益を狙うトレードなら、ヒーローたちは１万5000ドルのリスクをとって４万5000ドルを狙っている。マーケットのマスターたちと話したり経験を積んだりするうちに、筆者はある法則を見つけ、「10Kルール」と名づけた。このルールには異論も多いが、筆者はこれに絶大な信頼を置いているし、筆者の顧客による多くの事例もその有効性を証明している。ルー

ル自体は簡単だ。

１トレード当たりのリスクが平均100ドルならば、熟練したプロの投機家は年間約１万ドルの収入を期待できる。

　このルールを使って、トレーダーとしての収入目標を実際に試してほしい。現在の収入を再現するために年間５万ドルの利益を上げる必要があれば、次の年は１トレード当たり500ドルのリスクをとらなければならない。もし来年は20万ドル稼ぐつもりならば、１トレード当たりのリスクは2000ドルになる。つまり、もし年間100万ドルを稼ぐトレーダーになりたければ、すべてのトレードで最低でも１万ドルのリスクをとらなければならないということだ。
　このレベルのトレードには、新たなチャレンジ精神が大いに必要となる。１週間で５万〜９万ドルのドローダウンに陥ったとしても、規律を持って自分の戦略を間違えずに実行していくことができるだろうか。ペイバックスーパーサイクルという深みにはまり、25万ドルのドローダウンを抱えていたら、マーケットに対する熱意は冷めてしまわないだろうか。40万ドルの利益を手にしたら、うれしくて慎重さを失わないだろうか。これほどの大金をリスクにさらすときは、気力と規律がいる。客観性を失わないこと、つまり規律こそが、そこそこ成功したトレーダーとスーパースタートレーダーを分ける大きな要因になる。
　かなめの出来事は、連勝のなかのいくつかのトレードに組み込まれていることもある。例えば、筆者の株式用スイングトレード戦略では、連勝のなかの５番目のトレードがかなめになっている。過去のリターンを観察しているうちに、筆者は５連勝のすぐあとで利益率が急落することを発見したのだ。このことが分かっていれば、大きなポジションで連勝を楽しんでいても、新しく手に入れた利益を守るためにマー

ケットから離れるべき時期を知ることができる。反対に、筆者のペイバックサイクルは６～８回の負けトレードのあと衰えていく場合が多い。そのため、連勝のあとは数日間リスクをとらないことに決めたとしても、マーケットの観察を続けて、見送った負けトレードの数は数えておく。

　大衆には「直近に成績が上がった」戦略を追いかけるという生来の性向があるため、新しいペイアウトサイクルで仕掛けた少数派が最初の２～３回のシグナルで大きな利益を上げることはよくある。多くのトレーダーは、この段階ではまだ「成績が上がる」状態になったことを認識していないため、このセットアップにすぐには反応しない。つい最近までのペイバックサイクルの環境が、トレード時に彼らを精神的ないら立ちと怒りでさいなむようにしてしまっているのだ。そして、このことが直近の流行の後追いや、そのほかの不注意を招き、新しいペイアウトサイクルにすぐに適応したトレーダーたちの利益に貢献することになる。このような傾向を踏まえ、筆者は６連敗するはずであったトレードを見送ったあとはすぐにトレーディングを再開することにしている。実は、筆者の反応は早すぎることも多く、平均１～３回はストップに引っかかってしまう。しかし、桁外れの利益が出るのは新しいペイアウトサイクルの最初の２回のシグナルであることが多く、それを実行できればストップロスによる小さなドローダウンも補って余りある。もし慎重になりすぎて新しいペイアウトサイクルの有効性を確認するまで待っていたら、多大なエッジを放棄して、年間利益にも大きな差がつくだろう。

季節的な要因がかなめの出来事になっていることもある。以前、筆者の顧客のなかに、秋から冬にかけては高かった利益率が、春になると劇的に下がるトレーダーがいた。彼は、毎年利益の大部分を秋から冬に稼ぎ出し、それ以外の月は無駄な努力をしていた。原因がマーケットの季節性によるものなのか、それとも気候が良いのにトレーディング画面に張り付いているのが精神的に苦痛なのかは分からない。しかし、彼のトレードプログラムを第三者の立場で分析すると、5～6月くらいから9月末までトレーディングを完全にやめれば全体の利益率が大幅に改善することは明らかだった。

　プロの投機家の仕事は、医者の基本の心得のようなもの、つまり「何よりもまず、患者の症状を悪化させないこと」だ。良いトレーダーは、マーケットが自分のスタイルに合っていない時期は自然に足踏み状態になっている。ただ、ペイバックサイクルをうまく分析できたとしても、利益を上げるべきペイアウトサイクルが再度訪れたときに積極的にトレードしなければ意味がない。成功したトレーダーの資産曲線をグラフにすると、どれも決まってベース期とジャンプ期を繰り返しながらジグザグに上昇して新高値に向かっていく。利益の大部分はペイアウトサイクルの初期の連勝が生み出しているのだ。トレーダーはいつも価格パターンの選択と認識の泥沼にはまり込んでいく。これらのタスクは、エッジを開発する助けにはなるものの、それがエッジを最大化したり、統計上の利点が実際のトレード収入に貢献したりすることはめったにない。しかし、分析時間の大部分を費やしてエッジを最大化したり、PPサイクルの分析によってドローダウンを最小化する方法を探したりすれば、即座に意味深い効果を得ることができる。

トレーディングのほぼすべての局面において言えることだが、エッジ自体に惑わされている場合もある。筆者の経験から言えば、トレーダーの多くがトレードの精度、つまり勝率を上げる方法を模索するのに時間を使いすぎている。しかし、負けトレードが少ないほうが良いような「気がする」だけで、実際には筆者がこれまで発見した最高の利益率を誇るトレード戦略の大部分は、皮肉にもひどい勝率だった。これらの戦略はトレードしていても、たくさんの小さな損失に耐えなければならないため、気分は良くない。しかし、リスク・リワード・レシオは非常に高く、最終的にはほかよりもずっと高い利益率に達するというエッジを持っている。

リスク・リワード戦略

次は課題として、2つの戦略を見ていくことにする。両方とも長年の実績があり、基本的なエッジのパラメーターは検証済みで信頼できるものとする。あるトレーダーが10万ドルの資金で2つの戦略を実行する。1トレード当たりのリスク額は1000ドルとする。

低勝率・高リスク・リワード・レシオ戦略

最初の戦略は大きなトレンドの転換点を探すもので、天井か底が形成された可能性があるときは、1日に一度上昇する（あるいは下降する）マーケットでポジションをとっていく。この戦略はトレンドの転換点の可能性があれば仕掛けのシグナルを出すため、大きな転換点の場合は最低でも5対1の利益を実現できる。しかし、常にトレンドに反したポジションをとっているため、25〜30％という勝率の低さが欠点になっている。

低勝率・高リスク・リワード・レシオの戦略の運用結果

$5000	-$1000	$5000	-$1000	-$1000
-$1000	-$1000	-$1000	-$1000	-$1000
-$1000	-$1000	-$1000	$7000	-$1000
-$1000	-$1000	-$1000	-$1000	$5000

　この月、利益が上がったトレードはわずか4件しかなかったが、勝率20％という低パフォーマンスにもかかわらず、この月の収入は6000ドルに上った。1カ月に6％のリターンは表面的には非常に良いが、ここで、実際にこの戦略を1カ月間実行するトレーダーの気持ちを考えてみよう。

　図3.1は、このトレード戦略を使ったこの月の資産曲線をグラフにしたものだ。10万ドルで運用を開始してから、4取引日ですぐに9000ドルの利益を上げている。ほんの4日間で9％の利益を上げることができれば、どれほど幸せな気分になるか想像してほしい。ただ、このトレーダーはPPサイクルの存在を知っているため、これほど速く簡単に儲かるペイアウトサイクルのあとには、逆境の時期が待ち受けていることを理解している。それまでの高揚感がどれほどだったとしても、そのすぐあとには重苦しくていら立たしいドローダウンという反動がある。ペイバックサイクルに入ると負けトレードが10回続き、口座の資金は月初と比較してプラス9％からマイナス1％に下がってしまった。

　この連敗のあとマーケットはようやく転換し、この戦略がずっと目指してきた転換点をとらえて平均以上の利益が実現した。これによってトレード口座は再び黒字に転じ、ドローダウンの間の失敗トレードは正当化された。この例のここまでの経験から、勝率の低いトレードスタイルを採用する場合は絶対に規律を守ることの重要性が分かる。

図3.1

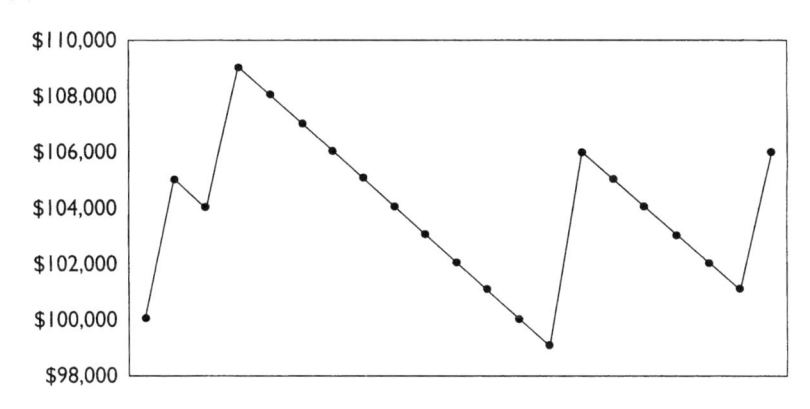

```
$110,000
$108,000
$106,000
$104,000
$102,000
$100,000
 $98,000
```

　もしこのトレーダーがドローダウンの間に精神的な苦痛に負けて、そのあとの平均以上の利益を見逃してしまったらどうなるかを想像してほしい。このたったひとつのミスによって、トレーダーは7000ドルの機会利益を喪失することになる。

　トレードに戻ると、それ以降は月末まであまり収穫はなかった。小さなドローダウンがあったあと、平均的な利益が上がり、この月の最終的な利益は6％（6000ドル）となった。運と自然な統計的分散によって、この月は若干低めのパフォーマンスで終わったと言える。しかし、この戦略はトレード全体のわずか20％しか勝てなかったにもかかわらず、6％という堅実な利益を上げている。そしてもし、翌月は気まぐれなマーケットが反対方向にスイングして同じ戦略の勝率が35％になれば、期待利益は22％、つまり2万2000ドルというとてつもない利益が上がる。そうなれば、この2カ月の合計利益は28％と、平均をはるかに上回ることになる。

高勝率・低リスク・リワード・レシオ戦略

2つ目の戦略は、取引開始時期のボラティリティを利用して、小さくても安定的な利益を上げていくことを目指していく。先の低勝率・高リスク・リワード戦略と同様に、今回の高勝率・低リスク・リワード・レシオ戦略では1000ドルのリスクで1対1の利益を目指している。この戦略の利点のひとつは65％という勝率で、これは損失よりも多い利益を確保できるということを意味している。

高勝率・低リスク・リワード・レシオ戦略の運用結果

$1000	$1000	$1000	$1000	$1000
$1000	-$1000	-$1000	$1000	-$1000
-$1000	-$1000	$1000	-$1000	-$1000
$1000	$1000	$1000	$1000	-$1000

この月は、12件のトレードで利益が出ている。最初の戦略と同様、この月の勝率は運と自然な統計的分散によって多少低めの60％となった。前回同様、戦略自体のパフォーマンスは若干低めで勝率は60％に終わったが、それでも4000ドルの利益を上げている。**図3.2**は、このトレード戦略を使った場合の感情の動きとも連動する資産曲線を示している。

10万ドルで運用を開始し、トレーダーはまず強力なペイアウトサイクルによって6連勝で6％の利益を上げた。PPサイクルの知識があるトレーダーならだれでも、このように素晴らしい連勝のあとは、ドローダウンを予想する。そして、そのとおりにドローダウンが来たため、このトレーダーは分析によってある程度の損失を抑えることができた。ペイバックサイクルの期間の損失によって、トレード口座はトントン近くまで戻ってしまった。しかし、10万ドルまで下がる直前に

図3.2

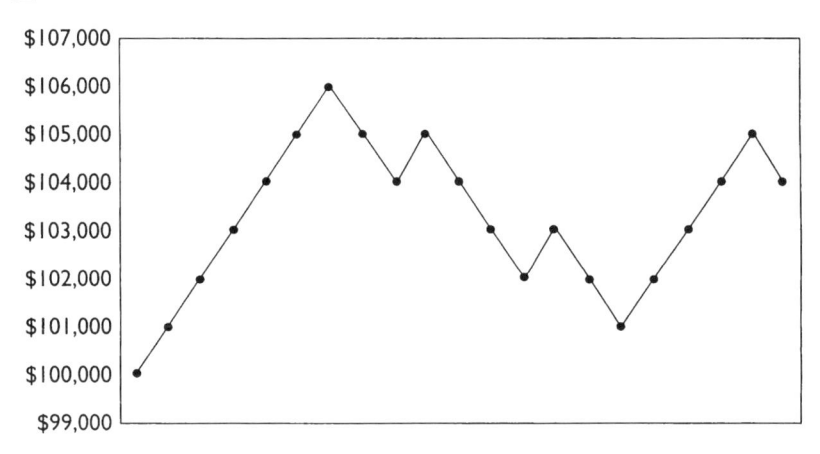

次のペイアウトサイクルが始まり、堅実な５連勝を迎えた。この月は、最後に小さな損失を出して終わったが、最終利益は4000ドルとなった。

　運と統計的分布によって、この月の高勝率・低リスク・リワード・レシオ戦略は若干低パフォーマンスだった。しかし、全トレードのわずか60％しか勝っていないにもかかわらず、この戦略は最終的に４％の利益を出している。もし翌月に気まぐれなマーケットが反対方向にスイングして勝率が70％になれば、利益は８％、つまり8000ドルになる。そうなれば、２カ月間の合計利益は12％に増える。

　ここまでで、パターンを見つけられただろうか。大多数のトレーダーが勝率を上げる方法を探すために膨大な時間とお金を使っているが、もし同じエネルギーを平均リスク・リワード・レシオを上げることに使えば最終利益を劇的に改善できることに彼らは気づいていない。たとえそれによって全体の勝率が下がったとしても、月末利益の平均は劇的に増える可能性が高い。トレーダーは、低勝率・高リスク・リワードトレーディングモデルがもたらす資産曲線の大きな変動を受け入れるべきだろう。そうすれば、四半期末には精神的なストレスを補っ

て余りある利益率の増加によって報われるだろう。

> あるとき、スランプが続いているトレーダーが相談に来た。彼のトレードは通常どおりの利益を上げていたが、それでも毎月の支出を十分賄う額には達していなかった。そこで最近のトレード成績を分析してみると、彼は有効なエッジを持ちながら、十分なリスク・リワード・レシオを求めていないことが分かった。原因は、利益率が低い時期になると「家賃を払うためのトレード」から来るストレスに耐えられず、勝率の高いスタイルに流されていたからだった。彼はマーケットの重要な転換点を正確に見極めていたにもかかわらず、大きな利益チャンスを待つ代わりに、簡単に手早く入る利益のほうを選択していた。彼のリスク・リワード・レシオはわずか1.5対1で、これでは満足な結果は得られない(さらに重要なのは、これでは正確にマーケットの転換期を予想したことに対する正当な報酬を得ていない)。

筆者はこのトレーダーのために、彼のトレーディングモデルの本来のリスク・リワード・レシオである3対1の利益と、彼の実際の利益を比較したレポートを作成した。しかし、このトレードマネジメントの調整を導入するのは難しそうだった。その月のトレードのいくつかは、下落前に2対1レベルまで上昇していたからだ。目の前で数千ドルの利益が消滅するのを何度も目にしていた彼が、損失によって精神の安定を乱されないようにするためには完全な規律が必要だった。

しかし、このトレードマネジメントの変更によるエッジの数字は強力だった。トレードの勝率は下がっても、平均リスク・リワード・レシオが劇的に上昇することで、利益率が実際にそれまでの3倍以上に

跳ね上がったのだ。筆者は彼に、マーケットは２つの選択肢を提供していると説明した。以前のようなトレードを続けて精神的に楽に過ごすために利益率を犠牲にするか、それとも低い勝率がもたらす不快感を受け入れ、それをやりすごして収入を３倍にするかは彼次第だ。うれしいことに、彼は後者を選択し、次の四半期は１カ月の平均利益が劇的に増加した。

　趣味であれ、フルタイムのプロであれ、トレーダーとしての仕事は勝ちトレードを選ぶことではなく、世界のマーケットから利益を引き出すことにある。このなかなか思いどおりにはならないビジネスにおいては、最大のエッジと最も劇的な利益率が低勝率・高リスク・リワード戦略にあることが多い。精度とか勝率といった誤った偶像を無視して、戦略の開発過程で最大のリスク・リワード・レシオを引き出す方法を模索することにすべての時間と労力を集中させるよう強く勧める。

練習問題

　次のトレード記録を、巻末のワークシートを使って分析し、次の質問に答えてほしい。

1．各例の勝率を求めよ。
2．各例の最悪のドローダウンはどれか。
3．各例の平均リスク・リワード・レシオを求めよ。
4．１トレード当たりのエッジをドルで示せ。
5．この戦略は高勝率・低リスク・リワードか、それとも低勝率・高リスク・リワードか。

例1	例2	例3	例4
$900	$500	$125	$125
$500	$500	−$500	−$250
−$525	−$250	$750	$125
$1500	$500	$325	$250
−$500	−$262	−$562	−$250
−$500	$500	$125	−$250
$750	$500	$512	$125
$900	$500	−$300	$125
−$425	−$250	$139	$250
$525	−$250	−$225	$250
$125	−$250	$289	−$250
$900	$500	−$725	$125
$350	$500	$83	$250
−$475	−$250	−$974	$250
$350	$500	$1200	$125
−$525	−$250	−$25	$125
−$500	−$250	$637	−$250
$1200	−$250	−$625	$125
$350	−$250	$350	$125
−$500	$500	−$600	−$250

Developing a Business Plan

第4章

トレード計画を立てる

どこに向かっているのかが分からないときは、十分注意しておかないと、そこに到着しても気づかないかもしれない。 ──ヨギ・ベラ（元大リーガー）

　トレード戦略が成功するための統計的確率を判断する方法が分かったあとは、実行可能なトレード計画を立てなければならない。エッジがあっても、実際のトレード環境で利益につなげることができなければ、それは理論的な可能性とさほど変わらない。適切にしっかり構築したトレード計画がなければ、どのようなマーケットエッジがあったとしてもその潜在利益を実現できるチャンスはほとんどない。

規律とは何か

　「規律」という言葉はトレードに関する文献で乱用されていると言っても過言ではない。多くのトレーダーにとってこの言葉は、トレードが不利な展開になって損失が出ても、それを受け入れる不屈の精神を意味している。しかし筆者は、この能力をむしろトレーダーの前提条件だと思っている。もし不利なポジションをトントンにするために倍にして「ストップの波」に屈したり、破滅的なマネーマネジメントのミスを犯したトレーダーがほかの人のレーダーにかからずに長い間生き残るということは、単なる事実でしかない。筆者にとって「規律」という言葉は、戦略の立案と分析の過程で利益が期待できるよう練り上げたトレード計画の、ルールに従うことを意味している。もし実際

のリスク資本を使ってそのトレード戦略を支持するのであれば、資金をリスクにさらす前にすべての段階のテストを行って、本当に利益が上がるのかどうかを調べてあるはずだ。

　利益率が高いうえに極端な精神的ストレスや不安に陥る期間がないトレード概念を、筆者はまだ探し当てていない。つまり、この不快な期間は投機トレードにおける普遍的なものであるため、これを予想し、避けられないものとして受け入れるしかない。精神的に不安なときは、「気が楽に」なりたくていら立ちの対象を排除し、トレード計画から離れようとしてしまうことが多い。この自然な反応は、熱い鍋を触ってしまったときに体を守る助けにはなるが、投機の世界では不利に働いてしまう。

　マーケットに昔から伝わる格言に、「自分のポジションを見て気分が悪くなりそうだったら、ポジションサイズを２倍にしろ」というのがある。筆者自身は自分のトレード計画に、引かされた状況でポジションを倍増する方針は取り入れていないが、この言葉の背景にある概念はまったくそのとおりだと思う。損失による精神的な痛みや、極端な損失を被ることに対する恐怖が最大になっているときは、マーケットが最大のリワードを提供しようとしている場合も多い。トレーダーとして成功するためには、この仕事において損失は予想された出来事で、常に起こるものだということを受け入れなければならない。言い換えれば、損失は定期的に発生することが予想され、どのようなトレード戦略のPPサイクルのなかでも予想不可能な形で現れるということだ。このマーケットの現実を受け入れ、修得すれば、損失を個人的な問題としてとらえないための客観性を身につけることができる。

　トレードを始めたばかりのころは、だれでも損失は自分のミスや情報不足によって起こったと考えてしまう。損失のひとつひとつが個人的な失敗のように感じ、マーケットの神様から叱られているような気分になるのだ。しかし、これが実際にはPPサイクル、つまり「ヒー

ローとゼロ」という躁うつ的な周期性によるものだということは、時間と経験と教育を通してのみ完全に理解できる。

トレード経験が長くなってくると、戦いのエピソードはだんだん大げさになっていく。手仕舞いのポイントを1セント外してトントンになりそこなったとか、利益の一部しか実現できなかったために、期待した5000ドルではなく、500ドルしか確保できなかったとか、忍耐強く何週間もポジションを保有していたのに、事前に決めたストップに達してしまったら、その直後に利益目標まで一気に上昇した、といった具合だ。このようなシナリオは、すべて大いなる狼狽と精神的な苦痛を引き起こす。しかし、いかなる局面においても、事前に決めた計画どおりにトレード管理を行っていたのであれば、損失が出たとしてもそれはトレーダーの過失ではけっしてない。

このようなもどかしいトレードは、結果は悪くても「良いトレード」と考えてほしい。安定した利益率を維持したければ、このようなトレードがいくつかはあることを受け入れる必要がある。それよりも、不運な出来事がそれ以降のトレード管理のミスを引き起こすような事態は避けなければならない。

ポジションごとのストップロスの水準を決めるためのツールやルールは、リサーチによって分かるはずだ。できれば、リサーチとエッジの開発・分析過程で、自分のエッジに対して相当の信頼と自信が育っていればうれしい。どんなことがあっても、自分のトレード計画が強力できちんと構築されているということを信じていれば、規律を持ってストップを実行できる。筆者だって、完全な失敗だと思えるようなトレードを何度も何度も実行してきた。仕掛けた直後に不利な展開に遭い、ときには何日間も水面下をさまようこともある。ストップロスに達するであろうことは賭けてもいいが、いずれマーケットは予告なしに転換して、結局は利益目標を達成することになる。

ストップロスの水準は慎重に選ぶ

仕掛けた直後に多少のリワードが見えないと、「損切りして逃げなくてはいけない」という強い衝動に駆られる。しかし、トレーダーとして利益を上げるためには、ストップロスの水準を慎重に選び、それを「無視」しないという規律が必要になる。しかし、皮肉なことにストップまで待たないという安全で正しいことのように「感じる」行動が、エッジ全体に与えるダメージは驚くほど大きい。ペイアウトの前にトレードを手仕舞ってしまえば、なぶり殺しの運命が待っている。けっして大きな損害は被らないことになっているのに初期段階で手仕舞ってしまえば、一連の小さな「制御された」損失を相殺すべき巨大利益はけっして巡ってこないからだ。ストップを無視してしまうことは、もしかしたらリスク・リワード・レシオが変化したことでトレーダーが見舞われる最も破壊的な行動なのかもしれない。

　2人のトレーダーが、翌日のトレードチャンスを見つけた。これは株式市場のチャンスで、0.38ドルのリスクに対して1.30ドルの利益が期待できる。2人はそれぞれ2500株ずつ買って、ポジションを管理し始めた。ジョーは、仕掛けよりも0.38ドル下がったら、そのポジションを手仕舞うストップ注文を置き、片づけなければならない書類に向かった。ハリーも同じようなストップ注文を置いたが、このトレードを積極的に管理しようと熱心に経過を観察することにした。前場が終わった時点で、このトレードにはまだ存在意義がない。出来高が少なく、2つのポジションはトントンのレベルを0.20ドル下回っていたのだ。ジョーは、時間ではなく価格を基にしたトレード計画なので、現在の低パフォーマンスは気にしていない。一方のハリーは、株価が反応しないことに

いら立ち、昼食後も損失の状態が続いていれば、手仕舞おうと決めた。午後１時に株価を見ると、ポジションはまだ0.18ドルの含み損になっていたため、ハリーは予想損失の450ドルよりも少ない金額で損切りした。結局、この日は弱含んだまま終わり、ハリーは手仕舞ったことが正当化されたように感じた。

　翌朝は、ギャップから始まって株価が上昇し、本格的なトレンドが始まった。結局、この日は２ポイント近く上昇し、利益目標に達した。ジョーは規律を守って自分のトレード計画から外れなかったため、最後には3250ドル（1.30ドル×2500株）の利益を実現したが、ハリーのトレード中断という決断は多大なコストを招いた。ハリーは最初、2500株のポジションで750ドルのリスクをとっていたが、失敗が迫っていると信じて早めに手仕舞い、300ドルを「救済」したつもりでいた。これは損失に対する恐怖からストップを無視して、将来利益を得る権利を放棄したことになる。しかし、実際にはこの決断がハリーにとって、450ドルの実損と3250ドルの得べかりし利益を合わせた3700ドルの「コスト」を招くことになった。もしハリーの次のトレードがさらに750ドルのストップロスとなれば、この月のドローダウンは1000ドル以上になってしまう。対照的に、もしジョーの次のトレードが750ドルの損失を出したとしても、この月の収支は2500ドルの利益となっている。この理論上のエッジから実際の実行までの「リスクの幅」は非常に重要だ。このことで、筆者のコンサルティングを求めに来る顧客も多い。彼らは、せっかく有効なエッジを持っているのに、ストップより前で手仕舞って結局はリターンにより大きな金銭的ダメージを与え、悪いトレードのほうを実行してしまう。先の例では、ハリーが早い時期にトレードをやめることを決めたせいで、通常の損切りの約５倍のコストを課されることになった。もちろん彼がそのあとルーキーが陥るミスをすべて犯して５連敗

> し、さらに同じ金額のダメージを重ねることだってあり得る。そのためにも、自分のエッジに自信が持てるだけの十分なリサーチを行い、つもり売買で利益が上がることを確認し、自分のトレード計画を全面的に順守する覚悟ができるまで、実際の資金を賭けたトレードを始めてはいけない。

リスク額の正確なレベルを決める

　トレード計画のルールに従うことができるようになれば、トレード口座に対する正しいリスク水準を決めることができる。自分が導入しようとしているトレード戦略の平均ドローダウンを調べ、その情報を基にして1トレード当たりの適切なリスク額を算出すればよい。筆者の経験上、成功するためには最悪のドローダウンの3倍の数字が目安となる。言い換えれば、3回連続して最悪のドローダウンに見舞われないかぎり、口座は破綻しないということだ。筆者がトレーダーになって以来、どのトレード戦略でも3回連続で満額のドローダウンに遭ったことは一度もない。この3ドローダウン方式は起こり得る最悪のドローダウンの水準を定め、「破綻のリスク」を分析するための基準を与えてくれる。もしリサーチの結果、自分の戦略の最大ドローダウンが7ユニットだったら、21ユニットのドローダウンがポジションサイズを決めるための基準になる。
　筆者は長年、すべてのトレードプログラムに対して、「ユニット」を基にサイズを決定する戦略を用いてきた。この概念を使えば、どのトレード商品でもボラティリティの影響を排除できるため、リンゴとオレンジでも正確に比較することが可能になる。この方法は、すべての負けトレードについて、ストップロスの大小にかかわらず、実際の損失額がほぼ同じになるようにしておく。もし筆者の「ユニットサイ

ズ」が1000ドルなら、ポジションサイズを調整して株式トレードで3ドル下がれば（S&P先物なら5ティック）損失額が1000ドルになるようにしておくのだ。

　このポジションサイズの戦略は、すべてのトレードプログラムのバランスを保つだけでなく、特定の日（TDW、TDM）のパフォーマンスも簡単に分かる。もし、通貨市場のトレードでは3ユニットの利益が出て、IBM株のスイングトレードでは1ユニットの損失が出れば、その日の純利益は2ユニットになる。このポジションサイズの手順は非常に単純だ。

リスク額÷ストップまでの金額

　例えば、もし株式トレードで350ドルのリスクをとり、2.50ドルのストップロスを設定するのなら、買うのは140株ということになる。しかし、もしダウ・ミニ先物で350ドルのリスクをとり、ストップロスを10ピップス（ピップスはダウミニの最小単位）にすれば、このポジションは7枚になる。経験上、ペイアウトサイクルでは1日に10～20ユニットの利益が上がり、ペイバックサイクルでは5～10ユニットの損失が出る場合が多い。筆者自身は、株式トレードで1カ月のドローダウンが10％を超えても気にならないため、日中のポジションでは0.25％から0.5％のリスクをとっている。そして、もし調子の悪い日にストップロスに2回達したら、筆者のトレード口座は0.5％下がる。一方、筆者のスイングトレード戦略は、ペイアウトサイクルでは5～8ユニットの利益を出し、ペイバックサイクルでは3～5ユニットのドローダウンに陥る。そのため、筆者はスイングトレードではリスクが1％になるようサイズを調整している。

トレード計画を立てる

　自分の戦略のエッジと基準のポジション（ユニットサイズ）が決まったら、次はトレード計画を立てる。どんな仕事にも言えることだが、例えばもしマーケットが情動的になって取るべき選択肢に不安があったとしても、戦略を実行する前に行動計画を立てておけばそれに頼ることができる。トレードの初心者は、プロの投機家が感情のないロボットのようにトレーディングのストレスなど感じずに完璧にトレードを実行していくと誤解しているが、それは真実とはほど遠い。すべてのマーケット参加者は、ペイアウトサイクルからペイバックサイクル（別の言い方をすればヒーローからゼロ）というジェットコースターに乗っている。ただ、経験者はマーケットが仕掛けてくる感情的なワナについて熟知しているという点が初心者とは違う。そのうえ、経験者は精神的苦痛を感じても、そこで間違いを犯す代わりに、そのマイナス感情を逆バリ指標としてトレーディングに利用することができる。

　トレード計画を立てることは、アメリカンフットボールの実践練習と似ている。これは、極度の困難やストレスに襲われたときに頼るための、成功の仕組みとも言える。トレード計画を立てるときには、完全に客観的な立場に立っている。ポジションを抱えていないため、マーケットがブルかベアかによって精神的にも金銭的にも入れ込むことはないからだ。ところが、トレードを仕掛けた途端に、人は感情的になり、特定のマーケットにとらわれるようになる。経験の浅いトレーダーは、ティックの動きに一喜一憂し、マーケットが描く酔っぱらいのような軌跡に合わせて感情的なミスを繰り返していく。

困難なマーケットに備える

　しっかりとしたトレード計画は、考えられるかぎりあらゆるマーケ

ット状況への対応を教えてくれる。状況が困難になったとき、それに対処するための準備が整っていれば何千ドルもの資金を節約できる。筆者がトレーディングを始めて以来、大きな危機に見舞われて、反応したり防御したり対応したりせざるを得なかったケースが一度も起こらない年はなかった。

　次の質問に細かく答えていくことが、トレード計画構築の手助けになるだろう。

- 自分のエッジを詳しく定義する。どのようなときに仕掛けるのか、どのようなマーケット動向のとき、自分に有利な展開が可能か。
- マーケットでどのような条件が整えば、買いや売りのシグナルが出るのか。
- トレードを仕掛けたり手仕舞ったりするために、どのような作戦や注文の種類を用いるのか。
- どのようなルールに従ってストップロスの注文を出すのか。
- 仕掛けのチャンスを探すためにどのようなツールや理論や戦略を用いるのか。
- この戦略はひとつの時間枠のみに有効か。
- この戦略は売りと買いの両方に使えるのか。
- どのような戦略で利食うのか。
- どのようなかなめの出来事によって、ペイアウトサイクルからペイバックサイクルへの転換点を判断するのか。
- どのようなかなめの出来事によって、ペイバックサイクルからペイアウトサイクルへの転換点を判断するのか。
- ペイアウトサイクルに入っていることが分かれば、ポジション管理の戦略をどのように変更するのか。
- ペイバックサイクルに入っていることが分かれば、ポジション管理の戦略をどのように変更するのか。

- 通常のドローダウンで損失がどのくらいになれば、トレードを中断してエッジを検証し直すのか。
- 1カ月の損失がどのくらいになれば、トレードを中断してエッジを検証し直すのか。
- どのようなタイプの失敗が起これば、この戦略の断念を考えるのか。

すべての質問に細かく答えることができれば、しっかりとした包括的なトレード計画が構築できていることになる。計画は、第三者が理解してトレード管理を代われるほど明瞭かつ系統立てたものになることを目標として立てる。そして、いら立ったり怒ったりしたいときはこの計画を支えにして、断固とした規律を持ってその指示に従ってほしい。

計画に従う

失敗トレードについて見直したり、最善の管理方法を考える時間を取っておけば、たとえ客観性を失った精神状態に陥っても、用意しておいた指示を読んでそれに従うことができる。ドローダウンに陥ったときは、トレード計画を精読して、現在の損失水準が通常のドローダウンの範疇かどうかを確認すればよい。

自分が立てたトレード計画を実行できないという理由だけで筆者にコンサルティングを依頼するトレーダーの数の多さにはいつも驚かされる。彼らはたいてい有効なエッジを持っているのに、トレード計画のパラメーターに従わなかったことで、エッジに見合った利益率を上げたことがないということだ。

インサイダーのアドバイス

　もし、標準以下のトレード結果しか上がっていなければ、トレード計画のすべてのルールに従っているかどうかをもう一度確認してほしい。もしトレード計画どおりに行動しても利益が上がらなければ、低パフォーマンスの原因は計画自体の「失敗」であり、トレーダーの犯したミスによるものではない。もしルールに従っているのなら、戦略のエッジを分析して当初利益を上げていたとき以降、マーケットが変化していないかどうかを確認する。もし計画自体の失敗かどうかが分からなければ、利益率を回復するための分析をどこから始めるのかが判断できない。失敗はトレーダーのミスによるものかもしれないし、トレードの管理方法の問題かもしれないし、単純にマーケット環境が変化したせいかもしれない。その原因が何かは、トレード計画がなければいつまでたっても分からないのだ。

第5章 自分のエッジを活用する

Exploiting Your Edge

失敗は、より賢くやり直す機会にすぎない。
——ヘンリー・フォード（フォードモーター創設者）

　顧客のトレーダーを何年にもわたって観察してきたなかで、戦略に見合う利益を獲得できない理由のトップ5が判明した。

1. 計画性がないか、あっても内容が乏しい
2. リスクに見合わない利益の段階で利食っている
3. ポジションサイズが適当でない
4. 価格変動のリスクを受け入れられない
5. マーケットに対するアプローチが一貫していない

内容が乏しいトレード計画

　トレーダーが資金を失う一番の理由は、トレード計画がないか、あってもその内容が乏しいからだ。前章で述べたとおり、トレード計画は成功の青写真になる。しっかり組み立てたトレード計画は、ペイバックサイクルで困難に陥ったときにとるべき行動を示し、ペイアウトサイクルの最終段階に愚かなほど楽観的にならないようにしてくれる。

小さな利益と大きな損失

　トレーダーが失敗する理由で次によくあるのは、最初のリスクに見合わない段階で利益を実現してしまうことだ。ストップに達していないのに損切りし、早い段階で利食ってしまうと、小さな利益と大きな損失（本来すべきことの反対）で戦略のエッジを台無しにしてしまう。これによって低勝率・高リスク・リワード・レシオ戦略のリスク・リワード・レシオが逆転し、低パフォーマンスと損失はほぼ約束されると言ってよい。長年、このよくある間違いを顧客が回避するための手助けをするうちに、筆者はある解決策を開発し、「最低利益目標」（MPO）と名付けた。MPOは、含み益が最初のリスクに見合う金額に達した水準と定義できる。次の例を使って、あるトレード戦略のMPOを算出してみよう。

MPO ＝ （100 － 勝率） ÷ 勝率

例えば、勝率が45％の戦略であれば、MPOは1.2対1となる。
（100 － 45） ÷ 45 ＝ 1.222

　このトレード戦略が現在の勝率でトントンになるためには、最低でも1.2対1の利益が必要になる。この戦略は、100回トレードすれば、45回は利益、55回は損失が出るはずだ。もし100ドルのリスクをとって、最低でも120ドルの利益を実現できれば、勝ちトレードのMPOである5400ドル（45×120）で、負けトレードの損失である5500ドル（55×100）を相殺できる。

　もし別の戦略の勝率が29％なら、MPOは次のようになる。

$$(100 - 29) \div 29 = 2.44$$

この戦略で100回トレードすれば、29回は利益を出し、残りの71回は損失となるはずだ。100ドルのリスクをとって最低でも244ドルの利益を実現できれば、勝ちトレードのMPOである7076ドル（29×244）が負けトレードの損失である7100ドル（71×100）をほぼ相殺できる。

ポジションサイズが適当ではない

筆者の観察で3番目によくある間違いは、ポジションが適当なサイズになっていないことだ。PPサイクル（ペイアウトサイクル・ペイバックサイクル）は、考え得るかぎり最悪のタイミングで大きなポジションを作るようトレーダーを駆り立てる。しかし、ポジションサイズは、平均ドローダウンの大きさと、そのトレードプログラムで許容できる具体的な損失の金額を基に決めなければならない。このことに関してはさらに詳しく述べていくが、衝動的にポジションサイズを変更して、有利な展開にならなければ破綻する水準までリスクを高めてしまい、結局この仕事をあきらめることになった有望なトレーダーを、筆者はこれまで何人も見てきた。

> **インサイダーのアドバイス**
>
> この例からも分かるとおり、トレーダーは数学的に考えてもMPO未満の利益で手仕舞うわけにはいかない。それをすれば、期待値がマイナスになってしまうからだ。これは単純な概念だが、MPOの水準を無視するとエッジを損なうことを完全に理解しているトレーダーはあまりいない。

価格変動のリスクを受け入れられない

　4番目によくある間違いは、単純に価格変動のリスクが受け入れられないことだ。皮肉なことに、この間違いは経験があまりないトレーダーか、逆にとても経験豊富なトレーダーに多く見られる。初心者は自分のエッジについて十分理解していないため、損失を恐れる。損失が出るたびに、それを個人的な失敗ととらえ、「もっと勉強していれば避けられた」と思ってしまうのだ。一方、経験を積んだトレーダーは、ポジションサイズが急に大きくなったあとPPサイクルによる感情の起伏も増幅して、誤った行動に走ってしまう。筆者がこの問題について相談を受けた熟練トレーダーの多くはそれまで自己資金のトレードで成功してきたが、他人の資金を運用し始めた途端、リスク額が増加して感情を乱されていた。彼らは、1トレード当たりのリスクが1000ドルから2万ドルに増えたことで、精神的に快的なゾーンからはるか遠くに外れてしまっていたのだ。

　大部分のトレーディングの間違いと同様、リスクを受け入れられないことも明確でしっかりとしたトレード計画と結びつけて考えることができる。結局、トレードしている株数が100株でも1000株でも1万株でもマーケットには関係のないことで、トレーダーだけがこのことを気にしている。仕事としての投機の素晴らしさのひとつは、無限に近い拡張性にある。大部分のビジネスモデルで成長と言えば、物理的な創造、人材開発、サプライチェーンの拡大などを指す。しかし、投機的なビジネスの場合、ポジションサイズにゼロをいくつか付け加えるだけで、一夜のうちに2倍にも3倍にも成長することができる。もし最近、リスク水準を上げたのにリターンが下がっているのであれば、自分のリスクの受け入れ方についてじっくり考えてみてほしい。この小さな間違いが、不運の根源になっているケースはよくある。

マーケットに対するアプローチが一貫していない

　多くのトレーダーが利益を上げられない最後の理由は、マーケットに対するアプローチが一貫していないことだ。この間違いは、例えばストップに引っかかるまで待たないで手仕舞うことと同様、表面的にはまったく無害に見える。しかし、トレードを学びながら短期間でできるかぎり知識と経験を得ようとするトレーダーが、40種類のトレーディングスタイルと40種類のポジションマネジメント戦略を試せば、結局は毎日40種類のPPサイクルとかかわることになる。例えば、月曜日に１つか２つの戦略のシグナルでトレードし、火曜日にはまた別の戦略のシグナルがいくつか出る。当然ながら、このランダムなアプローチはランダムな結果を生み、それが各エッジの利益率に関する間違った想定につながりかねない。

　ある日、偶然の幸運によってペイアウトサイクルの真っただ中にある戦略で仕掛け、プラスの結果が出たら、それこそが最高の戦略だと思ってしまうかもしれない。そして翌日、または単なる偶然から別のペイバックサイクルの真っただ中にある戦略で仕掛けてマイナスの結果が出たら、本当は極めて利益率の高い戦略かもしれないのにやめてしまうこともあり得る。

> **インサイダーのアドバイス**
>
> ひとつの戦略について、最低でもPPサイクルが一巡するまでトレードしなければ、エッジの潜在利益を正確に予想するための十分な情報は得られない。新しいエッジを正確に分析するのには時間と労力がかかるが、平均的なPPサイクルのサイズと期間を正確に予想するための十分なデータがあれば、適切なレバレッジをかけてポジションサイズを拡大することで、目標パフォーマンスを達成できる。

自分の戦略のエッジを使いこなす

　トレード戦略のエッジの分析方法と、エッジの放棄につながりかねないよくある間違いのいくつかが分かったら、次はその戦略のエッジを最も効果的な形で利用できるように基本の戦略に磨きをかけていく。それにはまず、自分の投資目標を決める必要がある。もし退職金口座でゆっくりと安定的に資産を形成していくのが目的なら、適正なリスク水準と許容できるドローダウンは、プロのトレーダーの口座よりずっと小さくなる。

レバレッジ

　レバレッジとは、借りたお金で金融商品の潜在リターンを増やすことで、借り入れ可能な額は金融商品によって違う。このことに関して長々と述べることもできるが、筆者の長年の経験から言えば、重要なことはただひとつ、効果的なトレードをするために必要なレバレッジが得られないマーケットは見たことがないということだ。これまでどのマーケットでも、どの金融商品でも、投機商品として使う場合に、必ず十分なレバレッジを利用できた。ただ証拠金が少ないほうが良い金融商品だという間違った考えを持つトレーダーは相変わらず多い。
　もちろん、レバレッジが大きくなれば潜在利益が増えるという考えは間違っていないが、同時にリスクも増える。レバレッジは音量調整のつまみのようなもので、少し回せば平均利益が2000ドルで平均ドローダウンが1000ドルだったトレード戦略を、平均利益が6000ドルで平均ドローダウンが3000ドルの戦略に変えることができる。「音楽」のリズムを買えずに、利益と損失の「音量」だけを大きくできるのだ。
　トレード戦略のエッジと、過去のペイバックサイクルのドローダウンの傾向を分析すれば、すべてのレバレッジ水準における「破綻リス

ク」を正確に査定することができる。筆者も、こうして平均ドローダウンの３倍というポジションサイズの目安を算出した。適正水準だと思える１トレード当たりのリスク額を設定したら、あとはレバレッジを無視してトレード計画をひたすら進めていく。そうすれば、レバレッジは単にトレード計画を実行するうえで必要なツールのひとつとしてとらえることができる。

増し玉をする

　レバレッジをかけるということは、実際には未決済ポジションを増やす、あるいは含み益を「増やしていく」ことだ。しかし、計画もなく場当たり的にエクスポージャーを増やしていけば、それは極めて破壊的な行動となる。トレーディングの格言「敗者はナンピンする」は、負けポジションを抱えたトレーダーが感情的になって不適切にレバレッジを使い、エクスポージャーを増やす傾向をいさめている。リターンを拡大しようとして振り出しに戻ったあと、トレーダーは破綻に向かっていく。ポジションを増やす時期を感情で決めてしまうと、最悪のトレードが最大のポジションになってしまうのは間違いない。ステレオを入力に切り替えたところで音量のつまみを「11」にするようなものだ。結局、レバレッジの掛かったポジションがトレード口座を破綻させ、ついでにスピーカーやアンプまでだめにしてしまうかもしれない。

　「価格が特定の支持線を試すと株を買う」という戦略のトレード計画を立てたとする。過去のトレード分析によれば、この支持線を試すとはっきりと反転する傾向がある。マイナスになったトレードの平均下げ幅を算出して、ストップロスの水準を0.50ドル

に設定すると、トレードの勝率は57%になった。しかしこの設定には、まれに支持線を再度試してダブルボトムが形成されるときもある。あまり頻繁ではないが、この状況になると通常の2倍近い利益が上がるため、少し多めのリスク・エクスポージャーでも許容できる。このように、「増し玉」はあらかじめ設定したトレード計画の一部として利用すれば、強力なツールになり得る。

二次的な価格動向が現在よりも良いリスク・リワードのシナリオを提示しているときは、増し玉する可能性を残しておくか、最初のポジションを再確認する。このように、正しく増し玉すれば、有利に展開しているトレードのエクスポージャーも増え、それが1カ月の平均利益を押し上げてくれる。ただ、筆者は増し玉分を最初のポジションとは別のトレード（ネストトレード）として扱っている。通常、この二次的なポジションの防御ストップは、元々のポジションと同じにしているが、ときにはまったく違うストップロスの水準と利益目標を設定する場合もある。

筆者は長年の経験から、S&P500先物が日中に急落したあと底を打つことを正しく「感じ取る」ことができる。そして、株価の表示を見ながら、売られ過ぎの時期を見極めて仕掛けていく。これらの仕掛けがS&P500の2ポイントの誤差で正確だということは、これまでのトレード記録

インサイダーのアドバイス

ダブルボトムが形成されたら、ポジションを2倍にしてさらなるエッジを活用する。支持線を再度試したポジションがダマシに遭えば損失は2倍になるが、成功すれば平均利益の6倍の儲けが出る。つまり、ここでエクスポージャーを増やすことは、負けポジションから抜け出したいという感情的な希望ではなく、数学的・統計的な実績に基づいた正しい判断なのだ。

が証明している。ただ、もしマーケットが２ポイント以上不利になったら、反転する見通しはあまりなく、マーケットはさらに下落する可能性が高い。筆者は、マーケットのタイミングを完璧に読んで、驚くほど正確に仕掛けられることがしばしばある。マーケットが完璧な「Ｖ字」の底を形成するなかで、その日の最安値を１～２ティックしか外れずにポジションを建てられるのだ。このような展開になったときは、ストップの位置を当初の半分（１ポイント）に減らし、ポジションサイズを２倍にする。ストップの位置を上げることで、このトレードの潜在リスクは以前とほぼ変わっていない。この増し玉戦略（ネストトレード）は、実質的に当初のリスク額を維持しながら潜在利益の上限を２倍にしてくれる。筆者はこのようにして、買いシグナルが出たあとのマーケットの反応を観察しながら、それまでの戦略のエッジを改善して最大化している。

図5.1のマーケットで、筆者はS&Pが1520周辺を試して支持線に達したと感じた。S&P300Ｅミニは１ポイントで50ドルの値動きがあるため、当初設定した２ポイントのストップロスなら、１枚当たりのリスク額は100ドルになる。このトレードでは1000ドルのリスクをとる予定なので、筆者は1520で10枚買い（１）、２ポイント下の1518にストップを置いた（２）。幸運にも、これは非常に良い仕掛けのポイントで、マーケットは４分の３ポイント逆行したあと反転した。これが目指していた反転だと確信した筆者は、ストップを１ポイント上げるべきだと感じ、500ドル分のリスクを「節約」した（３）。次に、このトレードに1520.25でポジションを「ネスト」（追加）した。防御的ストップロスを1519に上げたため、新しいポジションのストップロスは1.25ポイントになった（１枚当たり62.50ドル）。さらに、この増し玉には、最初の仕掛けのストップを引き上げて「節約」した500ドル分のリスクを追加する。この結果、増し玉分は８枚になった（８枚×62.50ドル＝500ドルで、合計すれば潜在リスクは再び1000ドルにな

る）。その後、マーケットは1523近辺の抵抗線まで上昇したため、筆者はすべてを利食いし、最初に1000ドルのリスクをとったポジションでは1500ドルの利益（1枚当たり3ポイントで10枚）になった。リスク・リワード・レシオは1.5対1だ。そして、増し玉分は最初のリスクが500ドルで1100ドルの利益（1枚当たり2.75ポイントで8枚）になり、リスク・リワード・レシオは2.2対1になった。

　全体として見れば、筆者のポジションは一度として1000ドル以上の損失にさらされることなく、合計で2600ドルの利益を獲得した。そして、増し玉の概念がリスク額を増やさずにリスク・リワード・レシオをほぼ2倍にしてくれた。この増し玉する方法は、素晴らしい仕掛けの運とスキルにレバレッジを掛けて利益を最大にしてくれる。低い価格での仕掛けは、ペイアウトサイクルという環境下の特性のひとつであり、増し玉はこの儲けの時期の潜在利益にレバレッジを掛ける方法のひとつになっている。

富を生み出すトレードプログラムを開発する

　トレード口座の複合的な利益は時間からも得ることができる。もしトレードで生計を立てているのなら、利益の大部分は生活費として引き出されていく。しかし、口座の目的が資産形成であれば、利益が複利的に増えていくこともトレード計画の重要な一部となる。ドローダウンの平均値と最低値はトレード計画にすでに組み込んであるが、これらのパラメーターを複利戦略の計算にも使うことにする。

　5万ドルの投資資金でトレード口座を開設し、毎月別の収入源から500ドルを追加していくことにする。この口座は時間をかけて資産を形成していくことが目的なので、平均ドローダウンは5

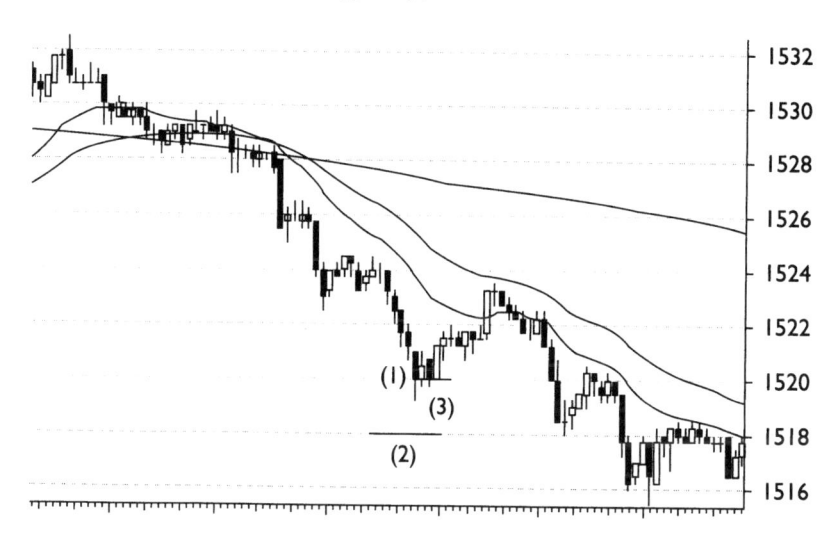

図5.1　S&P300Eミニでの増し玉例

％程度に抑えようと思っている。現在使っているスイングトレードモデルはもう何年も好調なパフォーマンスを維持しており、今後もそれが続くと考えている。この戦略では通常、１カ月に平均５～８ユニットの利益と、平均５ユニットのドローダウンが生じる。これまでで最悪のドローダウンは12ユニットだったため、最悪のドローダウンシナリオは36ユニットに設定する。この口座でとる最大リスクは35％、金額にすれば１万7500ドルにする予定なので、これを36（最悪のドローダウンの３倍）で割った486ドルが基本のユニットサイズになる。そこで、今回は切りの良い500ドルを１トレード当たりのリスク額に決める。500ドルのユニットサイズを基にすれば、この戦略に対して毎月2500～4000ドルの利益と、2500ドルの平均ドローダウンという見通しが立つ（運用開始時の資本の５％）。運用開始後は、同じ方法で毎月ポジションサイズを再計算し、口座残高の増加に伴って１トレード当たり

のリスクを上げていく。このような形で数年トレードしていけば、非常に典型的な投機の経験ができるだろう（**表5.1**参照）。

　最初の月は好調で、6ユニットの利益が上がった。2カ月目のユニットサイズは、先に紹介した公式を使うと35％のドローダウンが1万8725ドル（5万3500ドル×35％）、それを36で割れば520ドルになる。2カ月目が終わった時点の利益はわずか2ユニットの1040ドルだった。ここで再び、翌月の最大ドローダウンの水準とポジションサイズを計算する。

55040ドル×0.35＝19264ドル
19264ドル÷36＝535ドル

　毎月この作業を繰り返し、月初の残高に合わせてポジションサイズを増減させていく。1年目が終わった時点の累計利益は41ユニットで、仮にユニットサイズがずっと500ドルならば、このプログラムの年間利益は2万0500ドルということになる。しかし、毎月利益を積み立ててポジションサイズを拡大すると、実際には4700ドルの追加利益を得ることができた。利益率で見れば、20％以上上回ったことになる。
　2年目が終わると、最初5万ドルだったトレード口座の残高は2倍以上の約11万7000ドルになっていた。このトレードプログラムを10年間モデル運用すると、10年目には残高が7桁に達する（**表5.2**参照）。
　10年間のトレードで、約325ユニットの利益が上がった。もしユニットサイズがずっと500ドルならば、10年後のリターンは16万2500ドル、率にして325％となる。この数字を、複利プログラムの利益である124万9000ドル（リターン率2498％）と比較すれば、残高の増加に合わせてリスクパラメーターを常に調整していくことの重要性が分か

表5.1 損益データ（1年目と2年目）

	口座残高	ユニット損益	ユニットサイズ	損益	追加資金
1カ月目	$50,000	6	500	$3,000	500
2カ月目	$53,500	2	520	$1,040	500
3カ月目	$55,040	4	535	$2,140	500
4カ月目	$57,680	−8	560	−$4,480	500
5カ月目	$53,700	11	525	$5,775	500
6カ月目	$59,975	7	585	$4,095	500
7カ月目	$64,570	1	625	$625	500
8カ月目	$65,695	4	640	$2,560	500
9カ月目	$68,755	3	670	$2,010	500
10カ月目	$71,265	6	700	$4,200	500
11カ月目	$75,965	1	740	$740	500
12カ月目	$77,205	4	750	$3,000	500
		41		$24,705	
1カ月目	$80,705	5	785	$3,925	500
2カ月目	$85,130	6	825	$4,950	500
3カ月目	$90,580	4	880	$3,520	500
4カ月目	$94,600	7	925	$6,475	500
5カ月目	$101,575	−3	985	−$2,955	500
6カ月目	$99,120	−5	965	−$4,825	500
7カ月目	$94,795	1	925	$925	500
8カ月目	$96,220	−4	935	−$3,740	500
9カ月目	$92,980	5	900	$4,500	500
10カ月目	$97,980	7	950	$6,650	500
11カ月目	$105,130	3	1,025	$3,075	500
12カ月目	$108,705	8	1,050	$8,400	500
合計	$117,605	75		$55,605	

表5.2 損益データ（10年目）

	口座残高	ユニット損益	ユニットサイズ	損益	追加資金
1カ月目	$998,875	-4	9,711	-$38,845	500
2カ月目	$960,530	9	9,338	$84,046	500
3カ月目	$1,045,076	2	10,160	$20,321	500
4カ月目	$1,065,897	5	10,363	$51,814	500
5カ月目	$1,118,212	-4	10,872	-$43,486	500
6カ月目	$1,075,226	11	10,454	$114,989	500
7カ月目	$1,190,715	-5	11,576	-$57,882	500
8カ月目	$1,133,333	6	11,019	$66,111	500
9カ月目	$1,199,944	1	11,666	$11,666	500
10カ月目	$1,212,110	-8	11,784	-$94,275	500
11カ月目	$1,118,335	11	10,873	$119,600	500
12カ月目	$1,238,435	5	12,040	$60,202	500
合計	$1,299,137	29			

るだろう。

　最後にもうひとつ、トレードプログラムに対する一貫したアプローチが、長期間安定した成長をもたらしたということを記しておかなければならない。平均ドローダウンが一定していれば、不適切な破綻リスクを抱えることなく積極的にトレードできる。この概念がさらに定着するよう、トレードプログラムの運用例をもうひとつ見ておこう。今回のトレード計画は、前回よりもかなり積極的なアプローチになっている。

　前回の例とは違い、今回はFXのトレーディングのプログラムで毎月収入を上げることを目指していく。最初の資金は2万5000ドルで、最後の1セントまで使ってよいから、この戦略で可能な最大利益を狙っていきたい。FXトレードではレバレッジを効かせることができるため、ポジションサイズを妥協したとしても75％程度の資金を失う可

能性がある。最大ドローダウンの平均値が10ユニットとすると、ポジションサイズのアルゴリズムは次のようになる。

25000ドル×0.75＝18750ドル
18750ドル÷30＝625ドル

今回の目標は、毎月収入を上げることなので、プラスの月は給与として必ず利益の半分を引き出すことにする。そしてもし損失が出た月は、給与はないものとする。このようなパラメーターを使って運用した典型的な1年の結果は、**表5.3**のようになるかもしれない。

1年が終わり、残高は5000ドルしか増えていないが、その間に「給与」としては10万5000ドルを稼いでいる。もし今後3年間このプログラムでトレードしたとすると、予想残高は6万ドル程度にしか増えていないが、その間に給与として40万ドル以上の収入を得ることができる。この2つの例は、トレードプログラムを開発するときに考慮すべき資産形成と収入創出の違いを示している。収入プログラムは生活費を賄ってはくれるが、長期間運用してもけっしてお金持ちにはしてくれない。資金を積み上げて「大金」に育

インサイダーのアドバイス

マーケットでエッジを得るために必要なものは、予測と強力なリスク・リワード・レシオだけだ。マーケットの取引開始時や終了時に有効なエッジ、季節性や毎月の傾向に合わせたエッジ、似たセクターの銘柄同士の関係を利用したエッジ、難解な数学的原則に基づいたエッジ、占星術のサイクルに基づいたエッジだってある。このように多様なトレード戦略もすべて、あらかじめ計画したトレードマネジメントと、最初のリスクよりもはるかに大きいリワードが得られるという共通の原則に基づいている。

表5.3 収入のためのトレーディングの損益データ

	口座残高	ユニット損益	ユニットサイズ	損益	給与
1週目	$25,000	7	625	$4,375	$2,188
2週目	$27,188	−6	680	−$4,078	$0
3週目	$23,109	18	578	$10,399	$5,200
4週目	$28,309	15	708	$10,616	$5,308
5週目	$33,617	17	840	$14,287	$7,144
6週目	$40,761	16	1019	$16,304	$8,152
7週目	$48,913	−10	1223	−$12,228	$0
8週目	$36,684	18	917	$16,508	$8,254
9週目	$44,938	−10	1123	−$11,235	$0
10週目	$33,704	8	843	$6,741	$3,370
11週目	$37,074	−9	927	−$8,342	$0
12週目	$28,733	−3	718	−$2,155	$0
13週目	$26,578	6	664	$3,987	$1,993
14週目	$28,571	−7	714	−$5,000	$0
15週目	$23,571	1	589	$589	$295
16週目	$23,866	13	597	$7,756	$3,878
17週目	$27,744	−8	694	−$5,549	$0
18週目	$22,195	7	555	$3,884	$1,942
19週目	$24,137	14	603	$8,448	$4,224
20週目	$28,361	−6	709	−$4,254	$0
21週目	$24,107	−9	603	−$5,424	$0
22週目	$18,683	−5	467	−$2,335	$0
23週目	$16,348	14	409	$5,722	$2,861
24週目	$19,208	15	480	$7,203	$3,602
25週目	$22,810	11	570	$6,272	$3,136
26週目	$25,946	−1	649	−$649	$0
27週目	$25,297	12	632	$7,589	$3,795
28週目	$29,092	15	727	$10,910	$5,455
29週目	$34,547	−9	864	−$7,773	$0

	口座残高	ユニット損益	ユニットサイズ	損益	給与
30週目	$26,774	12	669	$8,032	$4,016
31週目	$30,790	2	769	$1,540	$769
32週目	$31,560	−9	788	−$7,101	$0
33週目	$24,459	9	611	$5,503	$2,752
34週目	$27,210	1	680	$680	$340
35週目	$27,551	4	688	$2,755	$1,378
36週目	$28,928	8	723	$5,786	$2,893
37週目	$31,821	1	795	$796	$398
38週目	$32,219	5	805	$4,027	$2,014
39週目	$34,232	−6	855	−$5,135	$0
40週目	$29,098	4	727	$2,910	$1,455
41週目	$30,552	11	763	$8,402	$4,201
42週目	$34,753	2	868	$1,738	$869
43週目	$35,622	−6	890	−$5,343	$0
44週目	$30,279	−7	756	−$5,299	$0
45週目	$24,980	−5	624	−$3,123	$0
46週目	$21,858	11	546	$6,011	$3,005
47週目	$24,863	16	621	$9,945	$4,976
48週目	$29,836	1	745	$746	$373
49週目	$30,208	−5	755	−$3,776	$0
50週目	$26,432	5	660	$3,304	$1,652
51週目	$28,084	−2	702	−$1,404	$0
52週目	$26,680	11	667	$7,337	$3,669
合計	$30,349				$105,551

てるのは、利益の100％を数年間複利で運用していくことでのみ可能になる。

第6章
Trader, Speculator, or Investor?

トレーダーか、投機家か、それとも投資家か

最もだましやすいのは自分自身だ。人は自分が信じたいことを信じる傾向がある。
――*デモステネス（古代ギリシャの政治家）*

　筆者は、「トレーディング」の説明に使われる用語の多くが明確さを欠いていると思っている。もともとトレーダーとは、注文を実行する専門職で、顧客からの注文に応じるのが仕事だった。当時のトレーダーは、売買をコントロールしたり判断することはなく、ほかの人の判断を迅速かつ効率的に実行することが仕事だった。
　ウィキペディアによると、「投機」は次のような活動だと定義されている。

> 株式、商品、先物、通貨、収集品、不動産、そのほかの価値を有するものを、使用したり、収入を得たり（配当金、賃貸など）する目的ではなく、価格変動によって利益を得るために買ったり、保有したり、売ったりすること。

　世界中のマーケットに直接電子的にアクセスできる世界において、ほとんどの市場でトレーダーの役割が減少または完全になくなってしまい、「トレーダー」と「投機家」という言葉はほぼ同じ意味で使えるようになった。しかし、筆者は投機家であり、本書を読んでいる人も99.9％が投機家だと確信している。株式オプション、先物、FXなどのトレード対象は、われわれの技術を実践する手段でしかない。金

融商品の種類で結果に大きな差が出ることはないし、マーケットのある国や通貨の種類や原資産もトレード計画を若干調整すればすむ。大事なのは、資産をある価格で買い集め、別の価格で売り抜けることだけだ。投資家の役割を正しく定義するには、投機家の定義を逆にして次のようにすればよい。

値上がりと分配収入（配当、賃貸など）によって利益を得るために、株、商品、先物、通貨、収集品、不動産、そのほかの価値を有するもののポジションを建てる人。

筆者が、投機家としてIBM株を買うのは今後この株の需要が上がると確信しているからだ。需要が現在の供給水準を上回れば、その結果として株価は上昇する。買いの判断を下すための分析の一部として、IBMの本業について調べることもあるが、それをする「唯一の」目的は買い手を引きつける心理的効果があるかどうかを見極めるためだ。筆者はIBMのビジネスモデルや、戦略的展望や、長期的な成長性には関心がない。それに、「卸値」で買って、そのあと「小売」価格で売れると思える割安の資産が見つかることもめったにない。

トレードがうまくいかなくなって不適切に投資家に転身し、多額の資金を失う投機家がいる。彼らはトレード計画のなかに明確な手仕舞いの戦略を準備しないで（あるいはトレード計画すら立てないで）仕掛け、トレードが不利になるとそのポジションを保有し続ける理由を探して企業の「長期的な成長性」を調べ始める。こうなると、彼らはトレード資本を投資しているだけでなく、このようなポジションを保有し続けることで感情という資本もたくさん投資していることになる。

アキュミュレーション・ディストリビューション・サイクル

マーケットについて分からないと感じたときは、基本となる短期価格の動向を見直して疑問点を解明してほしい。小売業のシナリオで考えるのだ。

小売業のシナリオ

ある洋服チェーンの仕入れ責任者が、同じ会社のファッションアドバイザーに相談して今年の秋はカラージーンズが「はやる」という結論に達した。そこでメーカーに発注し、届いた５万本の赤、黄色、紫のジーンズを全国のモールやショッピングセンターに入っている同チェーンの店舗に発送した。季節が変わり、新学期セール（８月ごろ）も佳境に入ると、赤と紫のジーンズはよく売れていたが、在庫を確認すると黄色いジーンズがかなり残っていた。さて、この仕入れ責任者はどうするべきだろう。彼は、宣伝部に指示を出し、次のチラシでモデルに黄色いジーンズをはかせて売り込むことにした。店頭のマネキンにも黄色いジーンズをはかせ、ファッション業界の「実力者」たちに黄色がはやるよう働きかけもした。しばらくすると、朝のテレビ番組に出演していたファッションデザイナーたちが、観客を変身させる企画で黄色を「新鮮なルックス」として使い始めた。

マーケティングと宣伝によって売り上げは多少伸びたが、それでもこのシーズンは黄色いジーンズの人気が上がらなかった。シーズンが終わり、売れ残った厄介者の黄色いジーンズは大幅に値下げしてセール品になった。店長たちは、格安ならば顧客の見る目が変わり、売れることを知っていた。60ドルの黄色いジーンズは絶対に買わない客でも、18ドルなら２本買って実際にはいてみるかもしれない。ファッシ

ョン業界の流行や熱狂やとんでもない成功や失敗は、投機の世界とよく似たたとえ話を提供してくれる。一時期、時価総額が30億ドルにまでなったドーナッツチェーンも、今では株式市場のポリエステルレジャースーツと呼べるほど廃れてしまっている。

金融市場のシナリオ

あるファンドマネジャーが同じ会社のアナリストに相談して、現在の株価ならば医薬品セクターが魅力的だと判断したとする。このファンドはすべての資金を投じて、10種類の薬品株のバスケットで買い持ちのポジションを構築した。

アナリストの予想どおり、医薬品セクターは業績が絶好調で、次の四半期の株価は上昇した。ポートフォリオの銘柄も大部分が利益を上げていたが、3銘柄だけひどく値下がりしていた。FDA（米国食品医薬品局）の新薬の承認が遅れている会社と、一連の薬害訴訟を抱えている会社と、毒物混入事件に巻き込まれている会社だ。3社とも評判の悪化によって、マーケットの関心が大幅に薄れてしまっていた。ファンドはこの弱含んだ3社を手放すことに決め、スリッページを減らすために出来高の多い日に上昇局面で売却した。

何週間かが過ぎて医薬品セクターの上昇は力強さを増し、メディアも注目し始めた。アナリストはテレビの金融番組に出演するようになり、どの経済新聞にも医薬品セクターがブルだという記事が載るようになった。最初に仕掛けてから3カ月がたち、ポートフォリオはパフォーマンスが最も良い3つの銘柄に絞られていた。3銘柄とも順調に上昇トレンドに乗っていて、大きな含み益を抱えている。ただ、ファンドマネジャーは、最近これらの銘柄の上昇速度が、それまでより遅くなっていることに気づいていた。もちろん、これまでの大幅な値上がりによって、どこで利食っても大きな利益は出る。今やみんなが薬

品株を推奨し、この話題は金融メディア以外にまで広がっている。普通の会社の給湯室でのおしゃべりまでが、医薬化学品業界で「大儲け」する話に変わっているのだ。しかし、多くのケースがそうであるように、「大衆はいつも間違っている」ため、一般の人たちがそのマーケットについて「知って」しまったときは、トレンドは終わりに近づいている。現実には、すべての「スマートマネー」がすでにこれらの銘柄を買っていて、トレーダーや機関投資家などトレンドを作り出せるだけの資金を持った買い手は残っていない。彼らはむしろ、この時点では利食うチャンスを探している。

トレンドラインがブレイクされ始め、テクニカル的に見て天井が形成されると、日足チャートで見て新しくできた下降トレンドの高値が切り下がってきた。ファンドはテクニカルのシグナルに従って売り始め、それが最後のトレードチャンスとなった。ファンドマネジャーも、最初は日中のチャンスで売っていたが、次第に売りが増えてきたため含み益の減少を恐れて成り行きで積極的にポジションを手放すことにした。これほど大きな含み益があれば、買い手が現れるほど下がる前に注文がすべて実行されるだけの十分な流動性がある。株価は急落し始め、このセクターのブルサイクルは終わった。

損失に対する恐怖

この２つのアキュミュレーション・ディストリビューションのサイクルをもう一度見直してほしい。現実の「卸値の買い・小売値の売り」を見れば、２つのエピソードに大きな違いはないことが分かる。もし黄色いジーンズが現在の基準では「格好悪い」とみなされているのなら、買う人はいない。考えられる理由は２つ、価格とファッション性だ。もしこのジーンズが売れなければ、小売店は価格を下げるか、黄色いジーンズをはやらせる努力をして流れを変えればよい。

次は、同じことを株式の銘柄に置き換えてみよう。なぜこれから価値が上がろうとしている株を売りたい人がいるのだろう。なぜ大きな含み益が出ているのに売ろうとしているのだろう。2つとも答えは損失に対する恐怖にある。これから上昇しようとしている株を売りたい唯一の理由は、所有者が実際には株価が上昇しないと思っているからだ。

　それどころか、彼らは今後の下落を予想して、リスクを引き取ってくれる相手がうまく見つかったことを喜んでいる。ところが、株を買った投機家は逆に、これから劇的に上昇する株を売る愚か者が見つかったことをやはり喜んでいる。この終わりなき意見の相違が、金融市場で投機を成功させるために必要な価格動向と流動性をもたらしている。

売る理由

　トレーダーや投機家として売る場合、3つの形が考えられる。

1. トレンドが変わろうとしていて、ポジションの含み益はまだ減っていないから売る。
2. 抵抗線に達しているので、ポジションを軽くするか手仕舞いたいから売る。
3. チャートのパターン（テクニカル的なセットアップ）が崩れ、ストップロスの注文が執行されて売る。

　1の理由で売る場合は、売り手の動向によって近い将来のトレンドが決まる可能性が高いため、短期的な視点で考えたい。2の理由で売る場合は長期的な視野に立ち、代わりに長期で保有できる銘柄を買ったり、低リスクのトレンド戦術の導入を考慮したい。3つ目の形で売

るときは、短い時間枠で手早く儲けることに「挑戦」してもよいし、さらに有利な展開を狙って「逆張り」で仕掛けてもよい。

　筆者はこの数年、積極的に執筆したり、分析したり、トレードアイデアを紹介したりしている。そして名前が知られるようになると、セミナーや講演会で世界中の何百人ものトレーダーと知り合う機会に恵まれた。しかし、常に利益を上げているトレーダーに、セミナーに出る時間があるとは思えない。つまり、筆者が相談を受けたのは、みんな投機のリターンのことで苦しんだりいら立ったりしていたトレーダーだったのだ。彼らの多くは、筆者が紹介する戦略やアイデアに注意深く耳を傾け、トレード計画のあまりの単純さに大きなショックを受ける。彼らは、筆者が何らかの「スーパーシークレット」なパターンや指標を持っていて、それがあれば彼らの抱えている問題も魔法のように消え去ると思っていたからだ。

トレーダーの学習曲線

　成功するトレーダーは、スキルを身につけ、利益率の高いトレード戦略を構築しながら安定した学習曲線を描いていくように見える。実は、良いトレーダーも、悪いトレーダーも、スキルを身につける過程では驚くほどよく似た経験をしている。

神秘のフェーズ

　トレーディングを始めるとき、最初に通る過程を筆者は「神秘のフェーズ」と呼んでいる。この段階では、需要と供給がどのように価格を動かしているのかが完全には理解できておらず、マーケットの構造やテクニカルな株価動向の分析にかかわる全体像が分かっていない。テレビやインターネットで見る価格チャートもカラフルでくねくねし

た線にしか見えず、あまり意味が分からない。このランダムに見えるデータから、将来を正確に占うなど、神秘の力でもないかぎりできそうもない。しかし、初心者も本や講座やセミナーなどといった現在の投機家が利用できる資源を利用して、ゆっくりだが確実に基礎知識を習得していく。そして、チャートを読む力がついてくると、くねくねした線が価格パターンや仕掛けのポイントに見えてくる。

「ホットポット」フェーズ

　初心者のトレーダーは、次に「ホットポット」フェーズに移る。まず、マーケットを精査していると、本で見た特定の価格パターンが安定した利益を出していることに気づく。実際のトレードを始める可能性が見えてきたことに興奮しながら、あるシグナルに照準を合わせ、つもり売買で「本当に儲かるかどうか」を試してみる。実際の資本をリスクにさらしていないとき、初心者は概してストップに引っかかったトレードのことは忘れ、利益目標を達成したトレードだけが鮮明に記憶に残る。この選択した記憶が間違った安心感をもたらし、これ以上の利益を「逃すな」とプレッシャーをかける。トレーダーの興奮は、つもり売買だけでは我慢できなくなるまで膨らみ続け、「先週のつもり売買は、実行していればすべて利益が出ていたはずだ。やり方は分かった。次のシグナルは実際に仕掛けるぞ」となる。

　そして、ついに実際の資本をリスクにさらす日が来た。ところがどうだ。トレードが執行されるとマーケットは一転して急降下し、ストップロスに達してしまった。この失敗に傷ついた初心者は、困惑して再びつもり売買に戻る。案の定、つもり売買に戻るとすぐにこのパターンで利益が出始めた。このサイクルは、再びこの「完璧なパターン」がどうなるかを知りたいトレーダーが勇気を出して実際のマーケットで試してみるまで続いた。

ここまで来れば、これがPPサイクル（ペイアウトサイクル・ペイバックサイクル）を間違って扱った典型的なケースだということに気づくだろう。この初心者トレーダーは、ペイアウトサイクルで連勝したときの完璧なパターンしか見ようとしていない。しかし、勇気を出して実際のトレードを仕掛けるころには、マーケットは混沌としたペイバックサイクルに入っていて、実際の資金を掛けたトレードは失敗して損失を出す可能性が極めて高くなっている。

この喜びと痛みをもたらしたサイクルによって、感情といら立ちも高まる。リサーチと検証の段階は、ホットポットトレーダーにとって挑戦でもあり楽しみでもあるが、トレード自体はマイナスの経験だったため、そのあと恐れたり、もしかしたら避けるようになってしまうかもしれない。これは、ストーブにかけた熱い鍋を触ってやけどを負った子供の経験とよく似ている。一度か二度やけどをした子は、本当に熱いのは鍋の下の炎だということを理解せずに鍋自体を怖がるようになる。

悲観的フェーズ

一生懸命勉強した結果がよくある失敗に終わり、まったく利益を上げられなければ、ひどく悔しい思いをするだろう。戦略も仕掛けも、自分がトレードしたときだけうまくいかないような気がすればなおさらだ。このような経験は、トレーディングに対する嫌悪感と不信感を引き起こす。筆者は、このような時期を「悲観的懐疑心」のフェーズと呼んでいる。この段階にあるトレーダーの多くは、行き詰まり、トレーディングの世界から脱落していく。彼らは、だまされたという思いでマーケットを去り、トレードの勉強に使った本やセミナーや教材に書いてあったことはみんなウソだったと信じている。すべてのデータが、自分のトレードアイデアの利益を示唆しているのに、トレード

するたびに悲観的懐疑論者がトレードを損失計画に変えてしまう。そのうえ、マーケットを観察したり、つもり売買をしたりしていたときには莫大な利益が上がっていたことが、トレーダーの痛みをさらに大きくしている。

簡単に成功できそうなことで失敗することは、最もつらい経験のひとつになる。そして、この失敗経験が怒りや、いら立ちや、困惑を生み、それを悲観的懐疑心が防御的怒りに変えていく。悪魔のようなマーケットメーカーが操作して無理やりストップに引っかからせたとか、この苦しみをもたらしたのは戦略を教えてくれた講師だ、といった具合だ。「彼らはいんちきセールスマン」に違いない。もし彼らがみんな詐欺師やペテン師なら、悲観的懐疑論者の失敗トレードにも説明がつくではないか。

この責任のなすり合いは短期間エゴを満たす役には立つかもしれないが、結局それでは投機家として目標を達成できなかった不機嫌な敗者にしかなれない。もし大きな陰謀が働いて自分を常に不利にしていると信じているなら、失敗の原因を分析するために時間を割いて詳細を見直したりする必要はない。多くの人たちが、マーケットの外でも弁解を重ねながら生きているが、トレーダーとしてそれをすれば、いずれ必ず破綻する。

迷いのトレーディングフェーズ

感情面で成熟して悲観的懐疑段階を乗り越えたトレーダーは、筆者が「迷いのトレーディング」と呼ぶ段階にはまり込む。彼らは、どこかに秘密兵器やシステムや戦略や指標があって、それさえ手に入ればあれほどの恐怖と精神的な痛みをもたらした負けトレードを避けられることは間違いないと思っている。そして、それまでの負けトレードは、単にその秘密を知らなかったから起こったことだと正当化してい

る。つまり、すべきことは「その秘密」を探すことで、それさえあれば目標も夢もすべてかなうと確信しているのだ。そこで彼らは、マーケットに異常に執着し、友人や恋人や仕事の付き合いがおろそかになってしまうケースも多い。そして、手当たり次第に本を買ったり講座を受けたりして、そのなかに探し求める聖杯があることを期待する。しかし、必死になってトレーダーとしての成功をお金で買おうとしていること自体が、彼らを失敗へと導いている。もちろん、これが人間の自然な傾向だというこは、分かっている。素人ゴルファーが練習場に行く代わりに600ドルのドライバーを買ってコースに出た結果、飛距離は10ヤード伸びたけれど林に打ち込んでしまうようなものだ。迷っているトレーダーが買ったパターンや、指標や、戦略には価値あるエッジがあるかもしれないが、それだけで利益は上がらない。

　迷えるトレーダーは、同じチャートにさまざまな指標や戦略を持ち込んで、学習曲線をさらに混乱させる。トレーディングツールにはそれぞれ独自の予想能力があるが、過剰な分析でまひ状態に陥るのと同様、インプットが多すぎれば低パフォーマンスに陥るのは間違いない。迷えるトレーダーにとって、トレード方法や指標や時間枠が多すぎると、いずれはこれらの戦略のすべてが売りと買いのシグナルを点灯するような矛盾した状況に陥るのは間違いない。

　たくさんの矛盾したインプットを分析するはめになった迷えるトレーダーは、ヘッドライトの明かりのなかに飛び込んだ鹿のように、何の決断も下すことができなくなってしまう。さらに悪いことに、迷えるトレーダーは一度仕掛けてしまうと、そのトレードに都合の良い指標や戦略しか見ようとしなくなる。この選択的な分析が、客観的な視点に立って安定的な利益を上げるチャンスを台無しにしてしまう。

　トレードを勝手に正当化してしまうのは、無知なトレーダーやおびえたトレーダーの特徴と言える。リスクを明確に理解したり許容したりできないトレーダーは、自分に都合の良い情報源を探すためにかけ

る時間と労力が増えていく。これが非常に破壊的な行動である理由は2つある。ひとつは、自分のポジションが成功しても失敗してもその責任を自分以外に転嫁してしまっていることで、もうひとつは感情が激しく上下して儲かるはずのトレードから振り落とされてしまうことだ。もしストキャスティックスが売りのシグナルを出したのに、CCI（コモディティ・チャネル・インデックス）が買いを示していたら、どちらの指標に従うべきだろうか。このような不確かなシナリオに直面すると、迷えるトレーダーは、自分の心理的な苦しみを和らげたいだけの理由で利益が上がったかもしれないトレードを放棄してしまう。

　ただ、迷えるトレーダーの段階がどれほど大変だったとしても、これはトレーダーが進歩していくための極めて重要なステップだと思う。筆者自身も、フルタイムのトレーダーになって2年目のほとんどの期間は、桁外れに混乱した迷えるトレーダーだった。しかし、いら立ちのなかでこの段階を進むうちに、ほかのトレーダーの行動や、トレーダーや投資家に最も人気があるテクニック、作戦、指標など、たくさんのことを学んだ。この情報がその後、PPサイクルや流動性プールが価格を引きつけるという自分の理論を発展させるときに計り知れないほど役立った。「さらなる大バカ者」になった経験が豊富だからこそ、特定のマーケットでどんな参加者が活発になったり、洗練されていないトレーダーが刺激にどのように反応したりするか（こちらのほうがさらに重要）が分かるのだ。経験を積んだ段階で、効率的に逆張りで仕掛けたり、玉締めしたり、ワナにかけたりするためには、迷えるトレーダーの段階にしばらく陥る必要があると思う。

　多くのトレーダーにとって、迷えるトレーダーの段階は、けっして逃れることのできない精神的な泥沼のようなものかもしれない。みんなトレーダーを続けるかぎり聖杯を探し続け、その過程で利益が続く時期もあるかもしれないが、投機家として取れる潜在利益をすべて獲得することなどそもそもできないのだ。

内面的飛躍フェーズ

　迷えるトレーダーフェーズを乗り越えると、まったく新しい利益の世界が待っている。迷えるトレーダーの難局から逃れるためには、メンターか強力な学習体験というきっかけが必要だと筆者はかたく信じている。「糸口をつかむ」という経験をすると、すべての答えは自分の内面にあるということに気づき、マーケットという素晴らしくて貴重な花が目の前で開き始める。そうなると、マーケットは戦場ではなく、遊び場のように見えてくる。玉締めや失敗や苦痛ではなく、可能性、チャンス、そして高いリスク・リワード・レシオが見えてくるのだ。

　この時期、トレーダーとしての高揚感にも慣れ、自分の分析力に自信が持てるようになると、最高の利益をもたらしてくれるマーケットと戦略のいくつかのエッジだけに絞りこめるようになってくる。このフェーズ間の成長と進歩は個人的なものだが、非常に意味深い。この時期は、禅の概念を学ぶのも非常にためになる。この教えは、長期的に成功しているトレーダーの思考と非常に近いと筆者は考えている。

　迷いのトレーディングフェーズを乗り越えたら、最後のフェーズで筆者が「内面的飛躍フェーズ」と呼んでいる段階に入る。これはどのトレーダーにとっても興奮する時期で、トレーディングにおける真の聖杯が見え始めてくる。リスクマネジメント、トレード計画の効果、PPサイクルに対処するための効率的な戦略などだ。内面的飛躍を遂げたトレーダーは、自分がとったマーケットリスクはすべて自分の支配下にあることを理解し、もしかしたらトレーダーになって以来初めて自分のトレードに対してすべての責任を持つことができるようになる。この段階に達したトレーダーは、熟考し、丁寧にトレード計画を立て、その計画を外れない。また、すべてのストップを尊重し、マーケットリスクを冷静かつ客観的に（大部分のケースにおいては）対処していく。そして、衝動的に仕掛けたり手仕舞ったりするようなこと

は減るかまったくなくなる。

　またこの段階では、そのとき使っている戦略のエッジを強化するひらめきによって、利益率が上がっていく。それに、大きなマーケットリスクをとることにも慣れ、年間収益も急増する。この時期、トレーダーとして最も興味深い副産物は、直感が発達することだろう。ときにはマーケットの方向に関する自分の意見を効率的に説明できなくても、何か大きなことが起こると「分かる」ことがある。このような直感トレードはそう頻繁にあることではないが、マーケットにものすごいショックをもたらす出来事が起こることを正確に予想して桁違いの利益が上がることも多い。

　何年も会っていない人の顔が突然浮かぶことがあるように、心を開いて潜在意識を探れば、忘れたと思っていたことを思い出したり、再現したりできる可能性がある。このようなトレードは最初は実験的に行い、確信ができてきたらサイズを大きくしていけばよいだろう。

　皮肉なことに、この章を執筆している最中に、次のようなシナリオが展開している。現在、世界中の株式市場が異例の上昇を見せ、多くのセクターが興奮状態にある。筆者はこの数週間、天井を予想しているが、毎週高値が更新されてなかなか実現しない。トレード計画に記した反転パターンはひとつも現れないため、空売りポジションを建てるための有効なシグナルが出ていないのだ。ところが先週の水曜日、取引時間が終了してから筆者がチャンスを求めてマーケットを観察していると、鳥肌がたって「今すぐ空売りしろ」という本能の声が聞こえた。これまでの経験から、このような直感的な意見は正しい場合が多かったため、翌朝起きるとすぐにダウ平均先物を空売りした。果たしてマーケットは取引時間中に90ポイントも下げ、来週にはさらに下げそうに見える。

> 直感による仕掛けがどれほど強力なものだったかはあとにならないと分からないが、現在の利益は約3.2対1で、この短期的な天井がもっと大きな流れに展開すれば利益はさらに拡大する可能性がある。
> **エピローグ**──この仕掛けのあとマーケットは猛烈に下落し、「直感」に基づいたポジションは最終的に350ポイント以上の利益を生み出した。

マスターフェーズ

　トレーダーの発達における最終ステージはマスターのレベルに到達することだ。マスタートレーダーにとって、トレーディングはもう習性になっている。独自のトレードスタイルが人格の一部となり、特に意識していなくてもマーケットを分析し、チャンスを見つければトレード計画に従って仕掛けることができるのだ。
　マスタートレーダーは、スポーツ用語で言えば、投機家として**無意識の知**（考えなくても正しく出来ている状態）のレベルに達している。このレベルに到達すると、ストレスがあったり集中できないときでも、かつてのようにひどいミスを引き起こしたりしないで効率的に利益を上げ続けることができる。夜中にトイレに起きて、FX市場をのぞき、寝ぼけたままでもあとから見れば素晴らしく利益の大きいポジションを仕掛けてベッドに戻るなどということができてしまうのだ。また、人に見られていたり、電話で話していたり、寝不足だったりしても、ミスなくトレードを実行することができる。
　筆者はこの５年間、ガンと戦う家族を抱えながらこの厳しい試練を乗り越えてきた。この難しい時期にトレーディングを続けることは筆者の無意識の知を試すこととも言えたが、マーケット以外の心配事や

ストレスを抱えながらも精神的な原因によるミスがなかったことは、トレーダーとして最高に誇れる成果だと思っている。一度この水準に達したら、トレーディングは「考えなくてもできる」活動になる。そうなれば、トレード計画を立てたり、マーケット環境の変化に合わせて新しいエッジを調べたり開発したりすることに集中できるようになる。プロのスポーツ選手がスクリイメージをするように、トレード計画の開発過程を観察し、計画を立てて可能な結果をすべて予想することに労力を集中していると、マーケットの条件が整ったときに躊躇なく実行すべき素晴らしい直感がひらめき、ビッグトレードを実現できる。

　筆者が学習曲線の各ステップを詳細に知っていることは間違いない。筆者自身がこれまで紹介してきたフェーズをすべて通ってきたからだ。筆者が信じ、述べているトレーダーの発達に関する理論、アイデア、戦略、信念は、すべて筆者自身の経験から来ている。筆者自身、ゼロからヒーローへの道のりには、親の命にかかわる病気に匹敵するほどの、さまざまな精神的痛みやいら立ち、落胆、失望などがあった。

　そして、このようなひどい落ち込みと同時に、強烈な高みも経験した。この憂鬱病的状態は健全とはいえないし、安定的な利益につながるものではもちろんない。筆者にとっては、これらのサイクルにうまく対処することを学ぶことが学習曲線を生き延びていくための重要なハードルだった。数多くのトレーダーが、潜在能力を発揮する前に燃え尽きて去ってしまう理由はここにある。この世界で生きていくためには、トレーディングの憂鬱病的な周期性を受け入れ、常軌を逸した極端な出来事と日々の感情を切り離して考えなければならない。

　筆者は、学習曲線の大部分をつまづきながらひとりで進んでいったが、早い段階でこの世界に数人の親しい友人を得ることができたことは幸運だった。そして、お互いの経験を語るうちに、筆者が経験した浮き沈みがまったく珍しいことではないことが分かった。友人たちも

同じ難問やいら立ちを経験したか、している途中だったのだ。トレーダーとして経験を積んだ今、この仕事の病的な熱狂も大事に思うようになった。結局、もしこれが簡単な挑戦だったら、みんながマーケットのもたらす自由と高い利益を謳歌しているはずだ(そしてわれわれトレーダーが得られる金額は非常に小さくなるだろう)。トレーダーに驚くような収益チャンスがあるのは、これが非常に難しいビジネスだからにほかならない。あきらめずに頑張ろう。

Why Markets Move

第7章

マーケットはなぜ動くのか

価格は、ほかの万象と同様、最も抵抗の少ないところを狙って動いていく。最も楽な方向に向かうということは、上昇への抵抗が下落への抵抗よりも小さければ価格は上がるということで、逆もまた同じことが言える。
―― ジェシー・リバモア

　金融市場は、それがCME・Eミニ（シカゴ・マーカンタイル取引所のEミニS&P500）のようなネットワーク上の世界でも、CBOT（シカゴ先物取引所）やNYSE（ニューヨーク証券取引所）のような極めて物理的な取引の場でも、終わりない競売の場であることにおいては根本的に変わらない。供給に限度があれば価格は上がり、将来価格が上昇すると考える買い手がポジションをとって価格をつり上げていく。一方、供給があり余っていれば価格は下がり、買い手はあと少し我慢すればもっと安く買うチャンスが訪れる可能性が高いと考える。戦略に関係なく成功する投機家はみんな宝を探すハンターで、マーケットで果てしなく続く競売で資産に間違った価格が付く黄金の瞬間を探している。

　このような瞬間は、一般投資家が関心を失っているときに起こることが多い。次のような例を考えてみよう。もし有名な自動車収集家が亡くなって、資産が競売に掛けられることになり、世界中から自動車の収集家やファンが集まったとしよう。最も珍しいとっておきの車には、世界で名だたる収集家が競り合い、相当のプレミアムが付く。この競売の目玉は自動車だが、集まった収集家の要求にすべて応えるだけの台数はないからだ。ところが、この競売に関する情報は自動車ばかりが紹介されていたため、この家の素晴らしいダイニングルームの

内装を競り落としにわざわざ来た人はいない。つまり、この高額で素晴らしいアンティークは、ほんのわずかな金額で売却されることになる。この競売では、家具に対して大きな供給があったのに、需要はほとんどなかったからだ。この理論的シナリオは、投機のあまのじゃくな特性をよく表している。もし熱烈に1935年型オーバーン「ボートテール」スピードスターが欲しい人は、どうしてもこの車に執着し、妥当な価格で自分のコレクションに加えたいと思っていても、結局、価格自体は二の次になる。

利益を上げるための投機

　ただ、純粋に利益だけの目的でこの競売に参加した投機家の場合は、車を完全に無視して値下げしている家具のすべてを買えばよい。これらの家具を保管して、もしかしたらさらに安く買い増し、価格が上がったところで適正価格かうまくいけば若干のプレミアムを付けて売ればよいのだ。この競売と同様に、株式市場でも現在の「流行」とは別のところに「バーゲン品」はある。もし薬品株が人気で金融メディアでも取り上げられているなら、もしかしたらテレコムセクターは見過ごされていて、仕掛けるには素晴らしいチャンスになっているかもしれない。もし金関連銘柄が「話題」なら、もしかしたら金融株は打ちのめされて魅力的な水準になっているかもしれない。

　世界の金融市場は、さまざまな意見や経済的予言の中央交換所でもある。ここには必ず、価格がどこに向かっていて、なぜそうなのかについて大衆のコンセンサスがある。投機の世界には、勝率やリスク・リワード・レシオといった数学的要素以外にも、多少の絶対的な真実がある。そのひとつを紹介しよう。

　　大衆は常に間違っていて、マーケットは必ず現在のコンセンサス

とは逆の方向に動く。

　この概念を絶対的真実として習得する時期が早いほど、大多数の思考（たいていは負ける）から少数の思考（たいていは勝つ）へと転換する時期も早まる。マーケットが動く理由を本当に理解すれば、「大衆」がいつ、どこでポジションを建てたかがはっきりと分かるようになる。そして、もし大衆が必ず間違っていて、マーケットが現在のコンセンサスとは逆の方向に動くことが分かっていれば、大衆のポジションを割り出して、それに向かうだけで、利益率の高いトレード戦略を組み立てることができる。

大衆が思っている方向を見極める

　方向性に関する大衆の意見を見極める最善の方法を学ぶ前に、短期の価格動向に関する現実をいくつか知っておく必要がある。「長期」の株価は、その会社の基本的な価値と本業の成否によって決まる。ただ、筆者の意見では、本物の長期投資家は期待利益に見合わない水準のボラティリティに資金をさらしている。要するに、（勝っている）長期投資家のリスク・リワード・レシオは、ほとんどトレード経験のない投機家のそれよりも大幅に劣っているのだ。

　典型的な投資家の例を、ボーイング株（図7.1参照）を保有しているケースで見てみよう。もしポジションを建てたのが1990年代後半であれば、1株当たり平均45～50ドル程度で仕掛けていると考えられる。この銘柄のファンダメンタルズは、世界の商業用旅客機が老朽化しているため、ボーイングが新モデルを導入すれば大成功を収めて収益が大幅に増加するという考えが基になっていた。しかし、実は理由はどうでもよい。ここで注目してほしいのは、投資家がとったリスクだ。大衆は、投機はでたらめなギャンブルで「長期」投資だけが安全な賭

図7.1　ボーイング（月足）

けだと思っていることを思い出してほしい。

　この銘柄は10年間で約100％上昇したため、理論的には素晴らしい選択だった。しかし、この間のチャートを見れば、資金が死に金になっていた年月や、最近の急騰に乗るために耐えなければならなかった暴落などがあったことが分かる。ひどいときは50％以上下げていたこともある。50％のドローダウンで、しかもそれが8年近くも利益が乗らなかったあととなれば、どれほどの痛みといら立ちがあったかを考えてみてほしい。この間に、どれほど多くの投資家が降服して、結局そのあとの上昇相場を逃したことだろう。

　絶対的な言い方をすれば、この投資のリスク・リワード・レシオは2対1だった（50％のドローダウンが結局100％の利益を生み出した）。しかし、長期投資家のリスクは、実質的に投資資本の80〜90％に上っていることを筆者は強く主張しておきたい。もし彼らがバイ・アンド・

図7.2 マイクロソフト（月足）

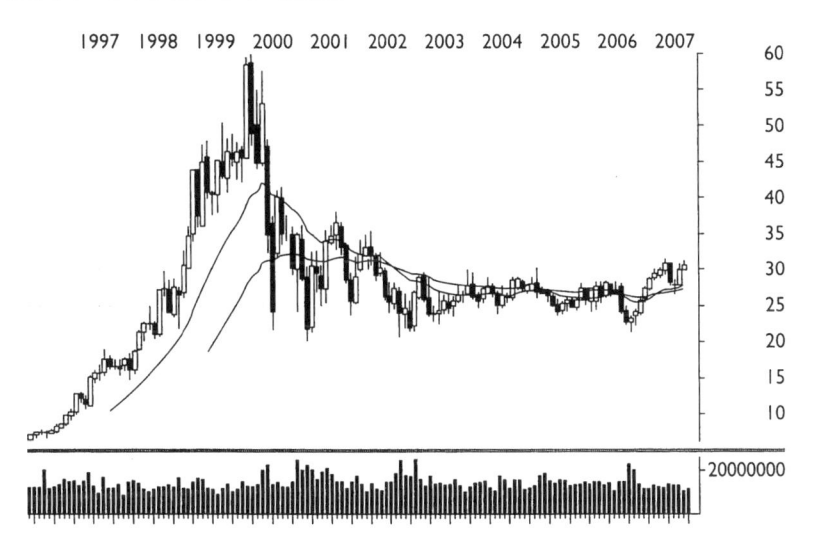

ホールド精神を厳密に順守すれば、投資資本の80～90％が少しずつ目減りしていく。実際に破綻するトレードはそうはないので、ここでは平均的な投資家のとるリスクを80～90％程度としてある。このように、リスクをより現実的に査定すれば、ボーイングのトレードの本当のリスク・リワード・レシオは１対１を少し上回る程度でしかないことが分かる。

　もうひとつ例を挙げよう。もしポートフォリオのなかにインデックスファンドか幅広い銘柄を保有する投資信託があれば、そのなかにマイクロソフト（**図7.2**参照）が入っている可能性は非常に高い。

　もしそのファンドが1990年代後半に設定されたものならば多少の利益が乗っているかもしれないが、1999年か2000年に建てたポジションならかなりの含み損を抱えていると考えられる。そのうえ、この銘柄に投資した資金は過去７年間死に金になっていた。つまり、長期投資

家の資本が長期間何の代償もなく塩漬けになっていたということになる。別の言い方をすれば、この間、投資家は20ドル近辺の支持線を割って10ドル近くまで下げるリスクを負っていたことだ。もし、これがエッジを求めて新しいトレードアイデアを試しているときで、このようにパフォーマンスの上がらない低リスク・リワード・レシオの結果ならば、さっさと放棄して次のアイデアを試すだろう。多くの投資家が、マーケット自体やマーケットがどこで利益をもたらすかという基本的な知識がないことで、信じられないほどの資金を失ったり、放置したりしている。

　筆者は戦略としてのバイ・アンド・ホールドには否定的だが、信頼できるリスクマネジメントの原則をすべて守ったうえでの長期保有なら反対する気持ちはまったくない。次は、筆者がこれらの原則を順守しながら個人的に保有していたトレードを紹介しよう。

　これはエネルギーセクターの銘柄で、筆者はセクター全体のトレンドがベアからブルに転換していると感じていた。**図7.3**の月足チャートからも分かるとおり、CMSエネルギー（電力会社）は1998年末の天井以来、深刻な下降トレンドが続いていて、株価は2000年の調整以外、ひたすら下落していた。しかし、5ドル近くまで下げたあと、CMSはちょうど10ドル近辺の抵抗線を試すまで上昇した。このとき、CMSは抵抗線で反転する代わりに死に物狂いの上昇を始めた。これは、この銘柄が何年かぶりに見せた活発な動きだった。週足チャートは筆者が買いシグナルとしているパターンを形成して（1）、有効な仕掛けポイントであることを示唆していた。ここならば非常に小さいリスクでポジションを建てられるため、ポジションサイズの戦略に従ってかなり大きなサイズにできる。その後はチャートが示すとおり、CMSのトレンドは反転し、15ドルよりも少し上の抵抗線を試すところまでスムーズに上昇していった（2）。結局、このトレードは13カ月後に手仕舞い、リスク・リワード・レシオで20対1以上の利益をも

図7.3　CMSエネルギー・コープ（月足）

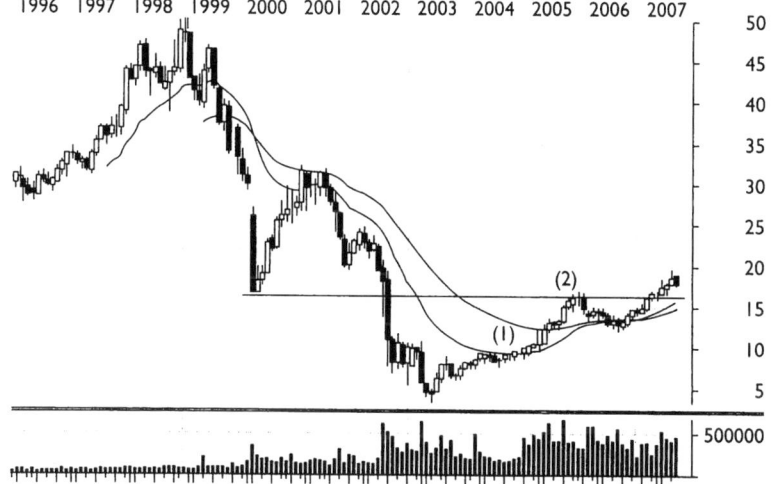

たらしてくれた。

　多くのマーケット参加者が、同じようなトレードを行っていると思う。最初に仕掛けたときは、この銘柄に強力なファンダメンタルズ的価値があると予想していたが、大事なのはこの銘柄を買った理由が「安いから」ではなく、潜在リワードが高いと思ったからということだ。筆者は、もしCMSのトレンドが変われば、抵抗線を試すまで上昇する余地がたっぷりあると感じていた。そして、この潜在リワードは、失敗リスクをはるかに上回っていた。ただ、もし気に入った会社が良い長期投資先になると確信していたとしても、ポジションごとに積極的な作戦とツールを使って、適切なポジションサイズに調整し、防御的ストップ注文を置いておいてほしい。ドローダウンを避け、リワードが増えれば、それが積み重なって引退するまでには大きな金額

になる。

　ファンダメンタルズな価値の長い時間枠のトレンドのなかで、マーケットは「平均」よりも売られ過ぎと買われ過ぎの状態をエンドレスに繰り返している。そして、極端な恐怖と欲が、規律ある投機家にあらゆるマーケット環境で安定した収入源を提供していく。特に、デイトレーダーの欲と恐怖は、ほかの時間枠以上に激しく、感情的になる。

　日足チャートと週足チャートを使ってポジションを建てているトレーダーは、7～10日ごとに運用判断を下しているかもしれないが、デイトレーダーはそれが7～10分ごとかもしれない。日中のマーケットの加速と時間のプレッシャーが圧力鍋状態を作り出し、経験豊富なトレーダーでさえ新人のように基本的なミスを犯したりする。このような傾向があることと、方向性の見通しの結果が即時に分かることから、日中のマーケットはトレードの訓練をしたり、戦略を開発したり、経験を積んだりするのには非常に適している。ただ、デイトレーダーとしてのスキルを身につけると、それよりも長い期間枠（筆者の経験では利益率も高い）のトレードスタイルが公園の散歩のようにゆっくりしたものに思えてくることもある。

株価チャート

インサイダーのアドバイス

投機がゼロサムゲームだということをけっして忘れてはいけない。お金は経験や情報や積極性が少ないマーケット参加者のポケットから、規律とトレード計画、そして利益の出ない投機家に欠けている経験と情報と積極性がある投機家の銀行口座へと流れていく。

　投機的な分析の基本ツールは、株価と時間のチャートだ。無料のウエブサイトから、プロ用の洗練されたリアルタイムのデータまで、株価チャートは今日のプロの投機家にとってトレードを仕掛けるための最も重要なツールになって

第7章　マーケットはなぜ動くのか

図7.4　バーチャートの例

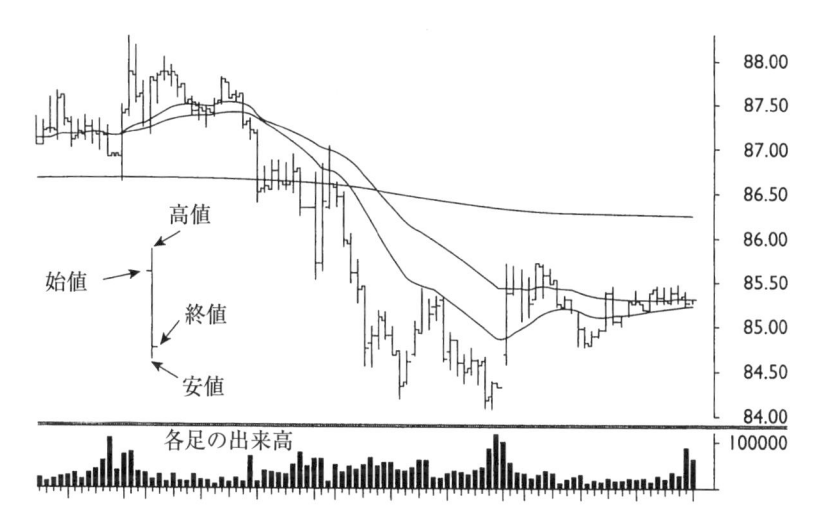

いる。なかでも、トレーダーの多くは、単純なバーチャートを使っている（**図7.4**参照）。

　バーチャートの各足は、所定の期間の価格動向を表している。週足のバーチャートなら１つの足は１週間分のデータを表しているし、日足のバーチャートなら１日分のデータを表している。また、日中のバーチャートは、分単位のデータが分かるようデザインされていて、デイトレーダーは５分足、15分足、時間足などを最もよく使っている。「足」は、時間枠の最高値と最安値を結ぶ縦線でできていて、それに短い横棒がついている。横棒は左側が始値、右側が終値を示している。また、チャート下部のヒストグラムはその期間にトレードされた出来高である株数や枚数を表している。

　ただ筆者がマーケットのデータを観察するときは、アメリカで最もよく使われているバーチャートではなく、日本の「ローソク足」チャ

113

図7.5　ローソク足チャートの例

（図中ラベル）
- 高値と安値を示す「ヒゲ」
- 「実体」が黒いので、始値のほうが終値よりも高かった
- 白だから強い値動きだったことが簡単に分かる
- 黒だから弱い値動きだったことが簡単に分かる

ートを使っている（**図7.5**参照）。ローソク足は、簡単に言えばバーチャートの始値と終値の間が箱になっているものだ。この箱（または「実体」）は、安く始まって高く終わった上げ日には白か緑色で表示され、高く始まって安く終わった下げ日には赤か黒で表示される。もし高値や安値が実体よりも外側にあれば、それは縦線（または「ヒゲ」）で表される。この色別の実体とヒゲで表示したローソク足は、反転したり、株価が試しに失敗したことを象徴する価格パターンをはっきりと示してくれる。少し練習すれば、株価チャートの支持線や抵抗線がどこにあるのかを即座に見つけだすことができるようになり、この分析スピードがトレーダーとしての機敏さとエッジを高めてくれるだろう。

　ローソク足を使う場合は、独特の価格パターンに基づいた複雑な規律が必要になる（**図7.6**参照）。「被せ線」「首吊り」などはトレンド

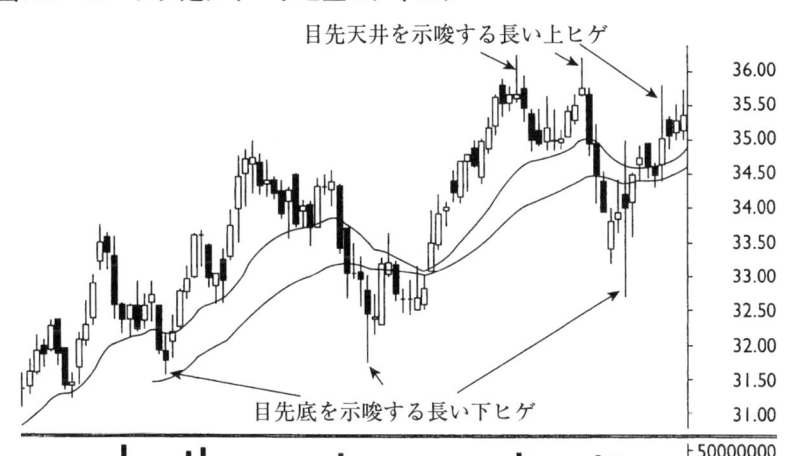

第7章 マーケットはなぜ動くのか

図7.6 ローソク足チャートと上ヒゲ下ヒゲ

目先天井を示唆する長い上ヒゲ

目先底を示唆する長い下ヒゲ

の転換を表しているが、筆者の経験から言えば、これらのパターンだけでは継続的なエッジとして十分ではない。それでもローソク足チャートを使う理由は2つある。1つ目は、ローソク足を使うと、モメンタム主導のトレンドが簡単に分かることで、ブルやベアの持続する流れが白や黒の「価格推進力」としてはっきりと現れる。2つ目で最も重要なのは、ローソク足チャートのヒゲが、マーケットが価格の試しをどこで拒否したかを即座に教えてくれるからだ。もしマーケットが抵抗線(売り手が買い手より多くなるところ)の近くまで上昇したら、株価は下げに転じる可能性が高く、チャート上には上ヒゲが残る。反対に、株価が支持線を試すところまで下がれば、反転して「下ヒゲ」になることが多く、これもローソク足チャートなら簡単に見つけられる。マーケットは波のように上下しながらトレンドを形成していくことが多いため、上昇が続いたあとに上ヒゲがあるときは、反転して仕

115

図7.7

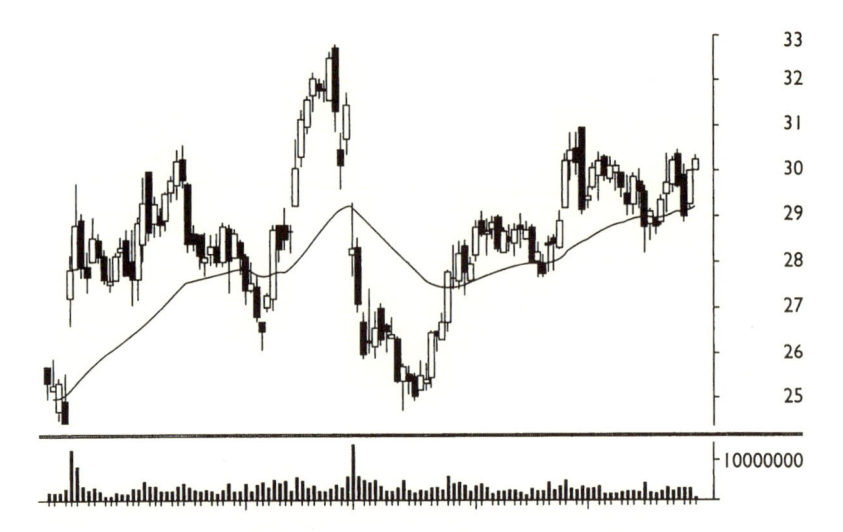

掛けるべきタイミングを示していることが多い。また、ローソク足の実体とヒゲの長さは、反転の力強さと激しさを示す指標となってくれる。

　プロの投機家にとって、相場の予測可能な動きは利益チャンスにつながる。マーケットが下落していれば空売りで儲けられるし、上昇していれば買い持ちという伝統的な方法もある。プロの投機家は、動きに乗っていくための十分な情報さえあれば、マーケットがどちらに行こうと関係ない。アマチュアのトレーダーは、**図7.7**を見てもほとんど関心を示さないし、利用できるとも考えない。年初と年末の価格があまり変わらないため、大きな利益も損失も出ていないように見えるからだ。

　しかし、プロは同じ銘柄を見て、利益の可能性を秘めた数多くの価格スイングに注目する。また、支持線や抵抗線を試しているところや、

図7.8

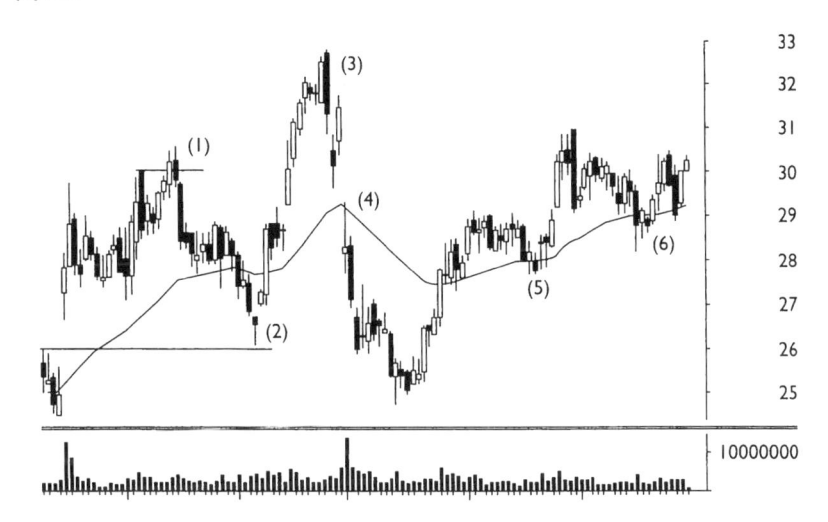

上ヒゲと下ヒゲ、反転パターンなど、トレードにつながるたくさんの情報がこの１年間の動きのなかにある。例えば、**図7.8**には仕掛けポイントを示唆する次のような価格パターンが見える。

1．「素早い」反転パターンが形成されたことによる空売りのシグナル
2．押しのあとのギャップ
3．弱気の抱き線
4．移動平均の抵抗線までの上昇と長い上ヒゲの組み合わせ
5．移動平均の支持線付近までの押し
6．再度、移動平均の支持線付近までの押し

　アマチュアには何も見えなくても、情報を持った投機家には儲けのチャンスがたくさん見える。アマチュアは速い動きや大きなスイング

を探すが、経験を積んだトレーダーは激しい動きがなくても、ボラティリティの小さい株には最小のストップを置くことで、優れた利益を確保するために必要なリスク・リワード・レシオを実現できることを知っている。**図7.8**のような退屈なシングルヒットの時期でも、適切にトレードすれば素晴らしい利益を生み出すことは可能なのだ。

第8章 The Majority is Always Wrong

多数派は常に間違っている

真実は常に少数派の下にあり、少数派は常に多数派より強い。これは、通常少数派がしっかりとした意見を持つ者たちで形成されているからで、意見を持たない者たちの群れである多数派の力は幻想でしかない。多数派は、(少数派のほうが強いということが明らかになった) 次の瞬間、少数派の意見を装おうとするが、真実は再び新しい少数派の下に移る。——セーレン・キルケゴール (哲学者)

もし大衆が常に間違っていて、マーケットは常にコンセンサスとは逆の方向に動くと心から信じられるなら、まずは次のことを見極めなければならない。

1. 大衆とはだれか。マーケットで活発にトレードしているのはどのような人たちか
2. 大衆はどのようなトレード戦略を使っているか
3. 大衆の心理的な仕掛けポイントとストップロスを置きそうな水準はどこか

20EMA

通常、最もよく教えられたり知られたりしているトレンドの継続パターンは、20EMA(20期間指数平滑移動平均)の支持線までの押しや戻りだろう。20EMAは恣意的な水準だが、現代の金融市場と深い関連がある。理由は単に、トレーダーの多くがそう信じているからだ。

テクニカル分析や、それ以外の従来型パターンの認識システムが開発された時代、チャートの作成は紙とペンを使って手で描く手間のかかる作業だった。この概念を理解している人はあまりいなかった

し、その戦略を導入するための作業を自ら行おうという人はさらに少なかった。ところが新世紀を迎えた現在は、初心者のトレーダーでさえフラッグ、ペンダント、カップ・アンド・ハンドル・ブレイクアウト、ダブルトップ、ダブルボトムなどのパターンを見つけられる。

　経済新聞とインターネットの登場で、テクニカルの知識は世界中のだれにでも手に入るようになった。そしてその結果、株価が20EMAの支持線を試すと、注文が殺到するようになった。これは、マーケットをモニターしているトレーダーの大部分が純粋にテクニカルだけを使ってトレード戦略を構築しているからだ。つまり、20EMAが支持線を試せば、マーケットに買い注文が殺到することは保証されていると言ってもいい。一般向けの講座や記事では20EMAへの押しを「買いシグナルの聖杯」としているため、20EMAがもたらす強気の注文はテクニカルのみを使って仕掛けた人たちの動きということになる。経験豊富な投機家にとって、このような状況は強気の注文が殺到したときにマーケットがどう反応するかを観察する機会になる。もしマーケットが反転して支持線の理論どおりになったことが明らかになれば、トレンドが継続するという前提で自分も仕掛ければよい。

　大衆が仕掛けるきっかけになるもうひとつのポイントは、高値や安値がブレイクされたときで、ブレイクアウトを用いた戦略は思っている以上にたくさんある。それに、これらのブレイクポイントに集中した投機的な行動は、知識ある投機家の戦略にたくさんのエッジを提供してくれる。ブレイクアウトがあれば、必ず買いシグナルが点灯して強気の注文がマーケットに殺到することが分かっていれば、情報を持っている投機家は大衆の注文に対するマーケットの反応を見ながら仕掛けることができる。ときには、大衆と同じポジションのほうが良い場合もあるが、注文が増えたときのマーケットの反応を待って動くチャーチストにとっては、大衆に向かうほうが大きなリワードが得られる場合もある。

筆者の個人的なトレード口座では、マーケットを観察してその反応を利用するというトレードスタイルを採用している。テクニカル分析に基づいた注文の波を、予想としてではなくマーケットの刺激として利用し、トレンドが変わるたびに「チャートを読んで」買い持ちや空売りのポジションを建てていくのだ。マーケットの反応が注文の急増につながることを解明すれば、大衆の行動を利用して最低限の抵抗がある本当の水準が明らかになる。

　テクニカル分析やチャートについて書かれたものは、すでに何千ページとあるため、ここで詳しく説明するのはやめておく。その代わりに、筆者のテクニカルトレーディングに対する考えを述べておきたい。これは普遍的な概念なので、どのタイプのテクニカル分析にも応用できる。自分が使いやすいタイプで試してみてほしい。もし指標やオシレーター、フィボナッチやそれ以外のマーケット構造を利用した戦略、大部分のパターン認識モデルなどを使っているのならば、エッジを拡大する効果的な方法にもなる。これらの作戦の多くがエッジを生み出してくれるが、筆者は最も単純な原則が最も強力で、利益率が高く、筆者にとっても顧客にとっても繰り返し使えると考えている。「格好良い」分析スタイルに惑わされてはいけない。仕掛けや手仕舞いの複雑なルールなどなくても、すぐ身近にある単純な戦略がたくさんのエッジを提供してくれる可能性は極めて高い。

　図8.1では、株価がすでに確立されている上昇トレンドに沿って推移している。需要の多さに動かされて株価は短期的な需要が満たされるまで上げ、利食いの波で押している。そして、20EMAが試されるたびに［（1）、（2）、（3）］、ブル派がマーケットに戻り、上昇トレンドは継続していく。上昇と下落のサイクルが新たな調整段階を引き起こし、20EMAの支持線を再び試すところまで下げることになる。しかし、この銘柄は上昇トレンドにあるため、分析は強気傾向から始める。次の取引時間のトレードを観察し、もし20EMAが「正しい反応」

図8.1

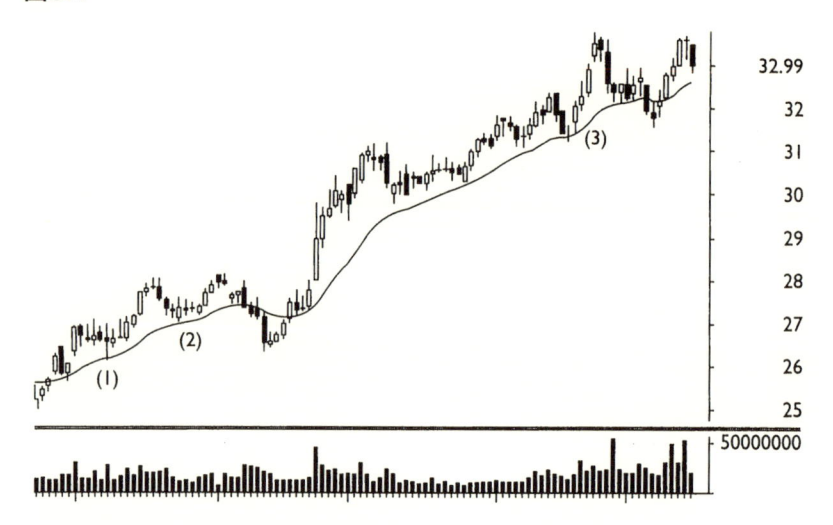

を示して買い注文が殺到したら、長期のポジションを建てようと思っている。

翌日の取引終了時間近くに可能なトレードを考えてみよう。**図8.2**からも分かるとおり、20EMAの動きによって増加した強気の注文は急速に需要を圧倒し、流れを反転させた。従来なら、反転した足の高値をブレイクしたら買い、足の安値のすぐ下に防御的ストップを置くところだ。ただ、この仕掛けとストップロスの組み合わせは広く知られていて、このポイントに大衆の注文が集中する可能性は高い。

そしてこのような行動は、反転した足の高値と安値のすぐ上に「流動性プール」を作り出す。マーケットは、流動性が高いエリアを探す傾向があるため、明日の株価が足の高値に達して流動性プールが満たされれば、利益率は極めて高くなる。そして、買い注文の流動性プールが満たされると、マーケットは最も抵抗の少ないところを通って次

図8.2

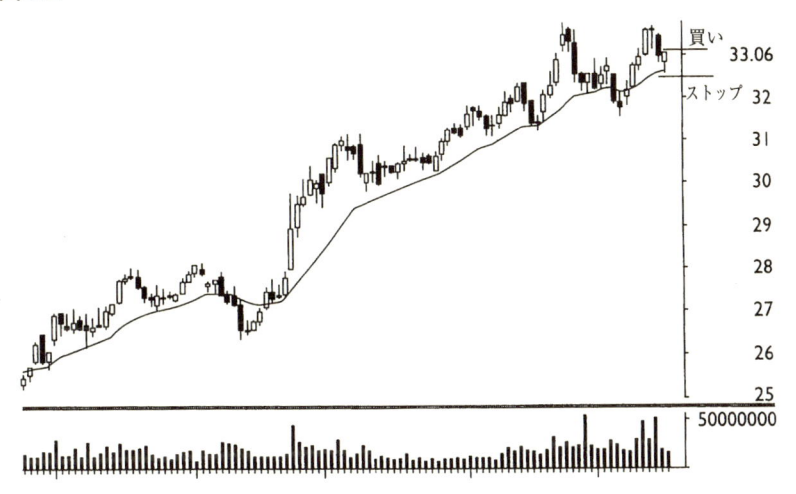

に近い流動性プールへと向かっていく。押しのパターンの多くは新高値を更新するためのブレイクアウトポイントのすぐ上に、次の流動性プールがある。筆者が支持線への押しを利用してトレードするとき、前回の高値を再度試したポイントを利益目標にすることが多い理由はそこにある。

　筆者自身は、トレーダーとしての学習曲線をたどりながら「大衆は常に間違っている」という言葉を強く信じるようになった。負けトレードを分解してみると、失敗の原因は大衆の考えと同じ方向にポジションを建てていたからだと気づくことが多かった。もちろん信念だけではなく、マーケットが常にコンセンサスとは逆の方向に行く理由も実際に解明しようと試みた。結局、需要が供給を上回れば価格は上がる。しかし、大衆がテクニカル指標に基づいて買うと、マーケットはまるで悪意を持った個人攻撃のように逆行することが多いのはなぜな

のだろう。

　トレーダーとして、マーケットが自分のやる気を嫌い、仕掛けるたびに邪魔をしているに違いないと感じることがある。実際、筆者のコンサルティングを受けている顧客から、「自分のポジションをブローカーがマーケットメーカーにリークするということがあり得るか」と聞かれたこともある。トレーダーの多くは、マーケットメーカーに関していつも「自分に向かう」トレードをしてくる迷信的な悪者のようだと思っている。このようないら立ちや被害妄想といった感覚を持つトレーダーが多いのは、彼らがいつも大衆と同じポジションを建てているからだ。そこで、次のことを覚えておいてほしい。

　　大衆は常に間違っていて、マーケットは必ず現在のコンセンサスとは逆の方向に動く。

　つまり、いら立っているトレーダーが負けるのは、彼らに対して壮大な陰謀が画策されているからではなく、マーケットが小さな時間枠で流動性を求めているからでしかない。この流動性プール理論は筆者が何年も前に考えついたもので、これまで公の場で語られたことはないと思う。しかし、このことは、筆者がトレーダーとして発見した最も重要な理論だと考えている。マーケットが常に自分とは逆に動くように見える理由を説明することで、そろって行動する大多数から離れ、新しい少数派のひとりとして利益を上げられるようになってほしい。

　当然ながら、トレーダーはいら立っていたり、損失や低パフォーマンスのトレードプログラムによる痛みを抱えていたりしないかぎり、筆者の助けを求めてくることはない。顧客との最初の面談で、筆者は最近のトレード記録を見せてもらう。**図8.3**は、典型的な押しでのトレードがみんなの目の前で破綻した様子を表している。チャートを見ると、まずは強力な上昇トレンドに気づく。高値と安値が切り上がっ

図8.3

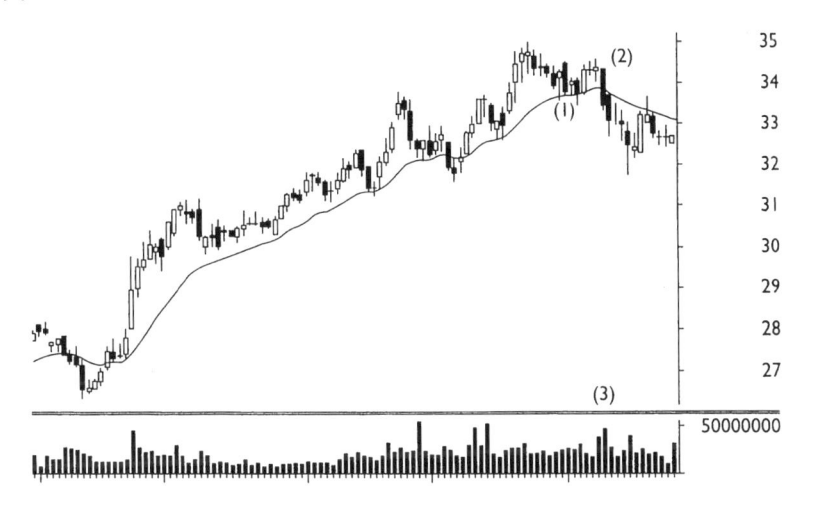

て、支持線を試すたびに反転してトレンドが継続していく様子が記されている。最後の押しも安定しているし明快で、支持線を試したあと、はっきりとした反転を示すローソク足が記されている（1）。その後、株価は上昇して反転を示すローソク足の高値を上抜き、そのあとローソク足数本分の方向感のない動きを見せる。そして、再度勢力を結集して利益目標に向かうように見えるが、すべてが順調にいくように見えた途端、株価は反転してそれまでの水準よりもはるか下まで下落してしまった（2）。チャートを見ると、この下落が反転した足の安値の下に置かれた防御的ストップロスの注文が実行されるきっかけとなり、出来高が「開花した（急増した）」ことが分かる（3）。

　押しや戻りで仕掛けるトレーダーの心情は、期待、確認、陶酔と歓喜、狼狽、憂鬱ないら立ちと、ジェットコースターのように揺れ動く。押しや戻りで仕掛けるトレーダーが失敗パターンに陥ったとき、マーケ

図8.4

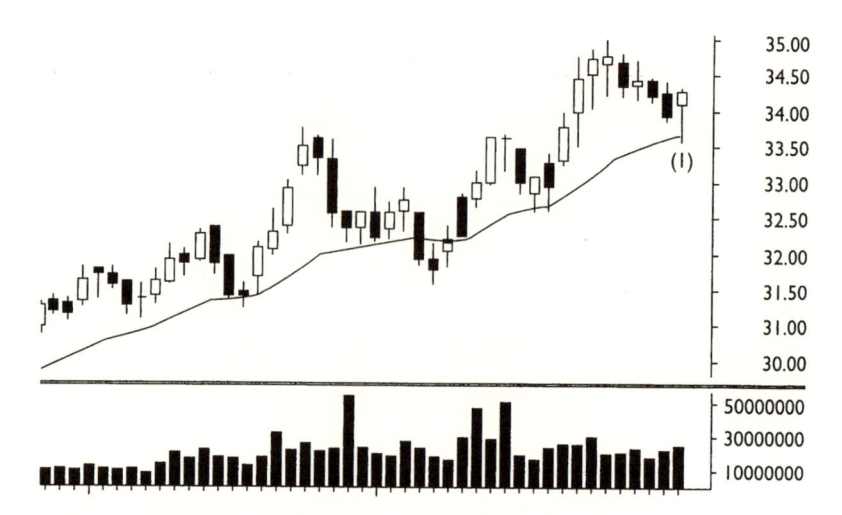

ットに個人的に狙い撃ちされていると感じる気持ちはよく分かる。ただ、マーケットに対処するとき、感情がウソをつくことも実はよくある。基本的な段階で何が起こったのかを詳しく見ていこう。

　まず、マーケットは支持線近辺を試した。大衆は支持線で仕掛けるよう教えられているため、この試しによってマーケットの需要は急増した。テクニカル分析で発生した買い注文がマーケットの現在の供給を上回り、株価は上昇し始める（図8.4参照）。この需給バランスの逆転を視覚的に表したのが、反転を示すローソク足だ（１）。

　ローソク足を利用しているトレーダーの世界では、この反転を示すローソク足が新たな買いシグナルの役割を果たし、それがマーケットの需要をさらに押し上げていく。さまざまな買いシグナルが出ると、それがもたらす需要の波が起こり、需要が供給を上回ろうとしてマーケットは振動し始める。そして、株価が上昇するたびに移動平均を交

図8.5

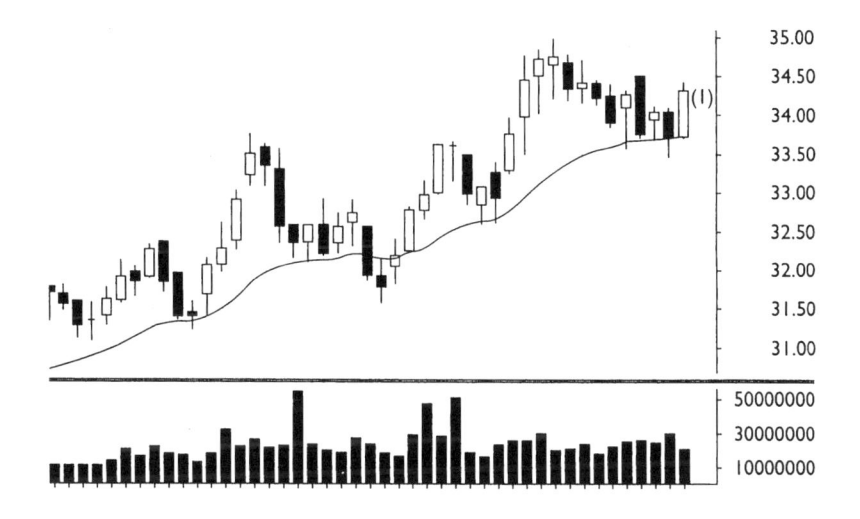

差して、さらに多くの買いシグナルが出る。ストキャスティックスやCCIもそれぞれ独自の仕掛けのシグナルを出すと、それまでよりも大きな時間枠のチャートでも反転を示すローソク足が現れるようになる（**図8.5**参照）。結局、4日間もがいたあと、ベア派が戦いをあきらめ、チャートには明確なブル（白）のトレンドを示す足（1）が現れる。

テクニカルのシグナルがすべて出尽くし、需要が満たされると、最後にモメンタムトレーダーたちが参入してくる。彼らはマーケットを観察して動きのサインを探し、株価のROC（変化率）が加速するとその流れが続くことを期待しながらポジションを建てていく。形成されつつあるトレンドを示す足がモメンタムトレーダーの関心を引き、大引けにかけてポジションを建てるのだ。この積極的な買いが高値で引ける一因となり、翌日を強気な環境へと導く。

最初のシグナルで仕掛け損ねたブル派の多くも、それから何時間か

図8.6

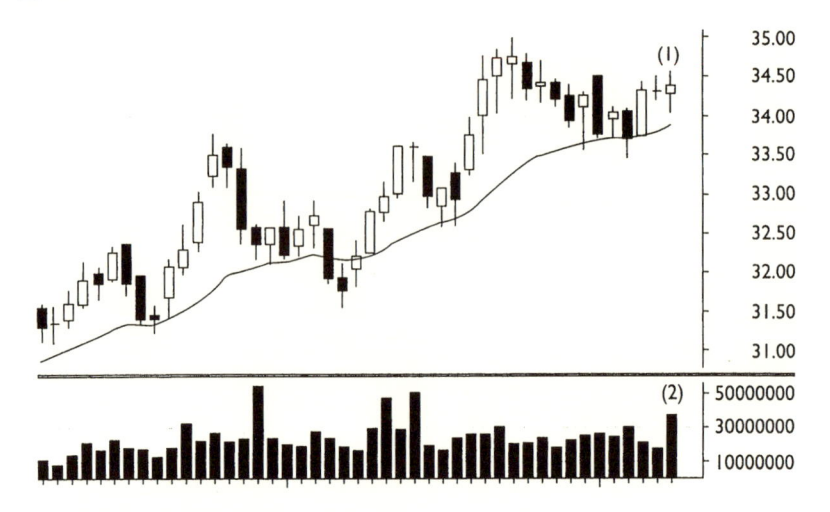

モニターしているうちにこの銘柄に気づく。そこで翌日すぐに仕掛けて、この株が上昇する発車前に飛び乗ることができたとほっとする（**図8.6**参照）。そして翌日は日中小刻みな展開になったため、おじけづいて最初のトレードから降りてしまったトレーダーや、何らかの理由でまだ仕掛けていないトレーダーが、この２回目のチャンスで長期ポジションを建てる（１）。この日の出来高の急増を見れば、遅れて参入してきたトレーダーがどれほど多かったかが分かるだろう（２）。

　次々と現れるこれらの強気シグナルが点灯し、次の３日でブル派が仕掛けたあと、マーケットがどう反応したかは明らかだ。しかし、４日目になると、仕掛けるポイントはもう残っていない。強気の戦略はすべてのシグナルを出し切り、それらの買い注文は執行された。これまで必要とされ、根強く株価をあと押ししていた需要が消滅してしまったのだ。

図8.7

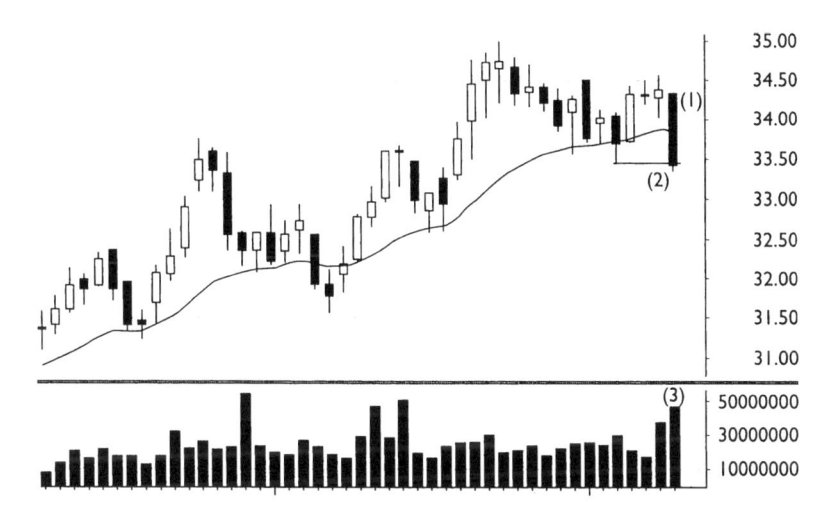

 もし需要がなければ、当然ながら過剰な供給だけが残る。つまり、最後の強気の注文が実行された途端、需給バランスはきっぱりとベアに傾き、株価は下がり始める。
 売り圧力が高まって株価が下落したとき、その衝撃を受け止めるブル派はほとんどいない。このときのパターンに関心を持ったブル派の大部分がすでにポジションを建てていて、セットアップが崩れ始めているように見える段階でさらに買い増す理由はないからだ（図8.7参照）。買いは少なく、株価は最近の一連の強気シグナルがもたらした「エアポケット」を通るたびに下げていく（1）。ブル派はすでにポジションを保有しているうえに買いは薄いため、直近の流動性プールは前回の反転した足の安値のすぐ下にある可能性が高い（2）。大部分のトレード戦略がスイングの安値を防御的ストップのポイントとして使っているため、大量の売り注文が反転した足の安値のすぐ下で待って

129

図8.8

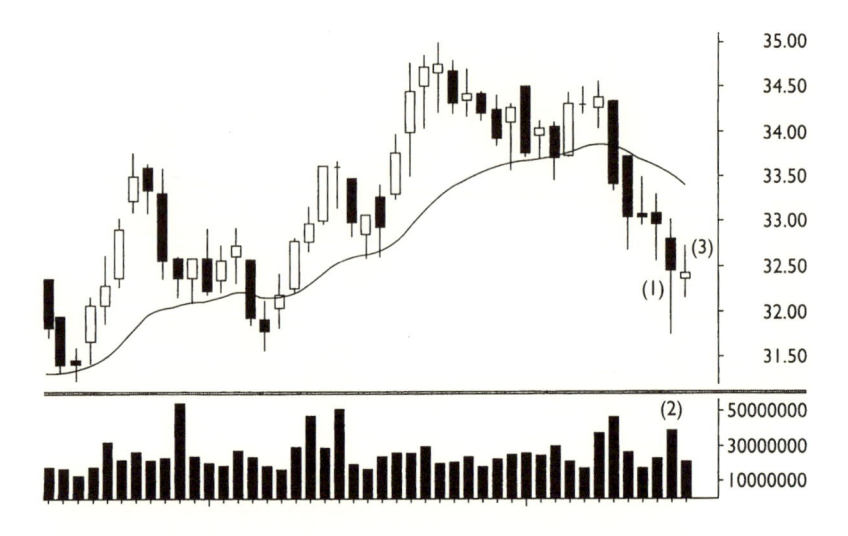

いると考えるべきだろう。そして、株価がブレイクアウトして新安値を更新したら、これらの注文が執行される。これらの売り注文はやみくもに流動性を奪い合い、株価は急落するが、ストップ注文が執行されたことで、出来高は急増する（3）。

　もし大衆が常に間違っていると信じるなら、彼らの「間違い」が証明された瞬間に買わなければならないことになる。ただ、直近のパターンが失敗したにもかかわらず、マーケットはいまだに長期的な上昇トレンドの波に乗っていることを忘れないでほしい。押しで仕掛けるパターンが失敗という海に沈みそうになると、強気のネズミは船から逃げ出すが、スマートマネーは「鮫のように」ゆっくりと周りを旋回しながら、小さな売りパニックが短期的な降伏状態に達するまで待っているのだ（図8.8参照、マーケットの降伏と高揚感については次章でさらに詳しく述べる）。5日間売りが続いたあと、大衆はついにあ

図8.9

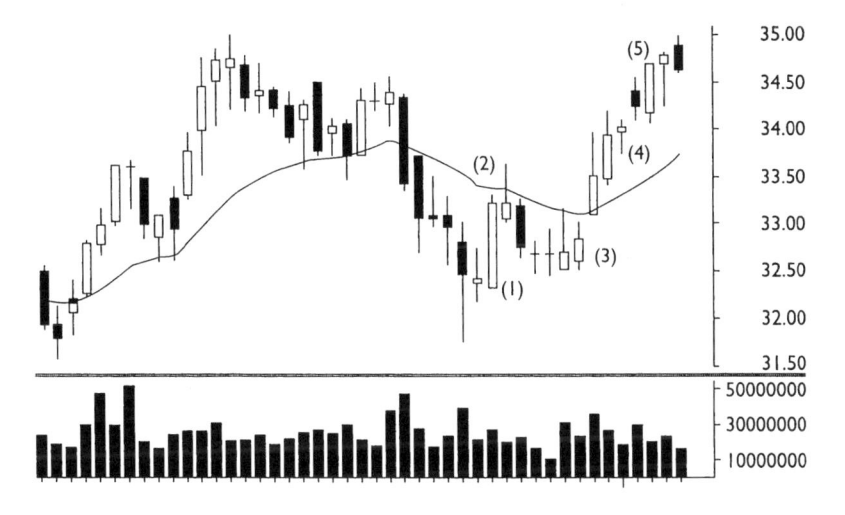

きらめ、日足チャートには極めて長い下ヒゲが現れる（1）。この降伏の印かもしれないローソク足は平均よりも多い出来高によって確認される（2）。この時点で、大衆はポジションを手離し、「リンス」が終了すると、翌日ははらみ線が形成され、重要な底に達したことのさらなる確認になった（3）。大衆が常に間違っていると信じているトレーダーは、長期の上昇トレンドが回復することを期待して、長期のエクスポージャーを建て始める。

　図8.9は、スマートマネーがマーケットに参入したあと（1）、株価が上昇し（2）、小刻みな展開のあと（3）、本格的に反転して再度上昇し始める（4）様子を表している。株価は上昇とともに力強さを増し、強気のシグナルが再び点灯し始めた。大衆がそれぞれの戦略に従って再び買い始めると、需要が供給を上回って株価は上昇していく。直近のウィップソウによってマーケットは空売りする環境ではないた

> **インサイダーのアドバイス**
>
> 「リンス」サイクルとその原因を完全に理解しているトレーダーは、単純なパターン認識モデルに従っている投機家の利益をはるかに上回ることができる。筆者は、リンスを仕掛けのきっかけにする方法を、好んで使っている。もし筆者と同じように大衆が常に間違っていることを信じられるなら、彼らのストップが執行されたときに仕掛けるのが最も簡潔な方法だろう。この積極的な仕掛けにはいくつものメリットがある。

め、株価は今度は上方に向かってエアポケットを突き抜けていく。ただ、流動性が低いため、ブル派は注文を執行するために積極的にならざるを得ない。そして、マーケットが悲鳴を上げながら再び上昇していくのを恐怖に震えながら観察しているトレーダーが、それに拍車をかける。押しのあと、彼らの強気のポジションはとても優位に見えたが、「リンス」の最中にストップ注文が執行されたことで損失が実現化してしまった。

そして、株価は大衆が最初に思った方向に戻ったが、彼らにはこのトレンドの恩恵を受けるための保有ポジションがない。すると彼らは感情的に反応し、必死で最初のポジションを再現しようとするが、この時点でトレード計画は放棄され、痛みといら立ちへの反応だけでこの銘柄を買おうとする。この「報復トレード」が、すでにバランスを欠いたマーケットに、極度に積極的な買い注文の流れを追加する。マーケットはさらに上方に向かい、いずれ最初に仕掛けたトレードの利益目標である35ドル付近に到達する（5）。

このとき、ブレイクダウン（またはブレイクアウト）に対してポジションを建てていれば、反転するという予想が間違っていることが分かったときは、株価がそのままブレイクポイントを過ぎてすぐにストップ注文が執行される。ちなみに、ストップロスが即座に執行されるということは、購買力が回復し、見通しが違って損失が出たときでも

すぐに次のトレードに移ることができるということだ。反対に、見通しが正しくて利益が出ているとき、このような積極的に仕掛けたあとに順行したときは可能なかぎり最大のリスク・リワード・レシオを得ることができる。

日中、筆者は市況画面でブレイクアウトやブレイクダウンが起こったときの注文の流れを観察している。もしブレイクのあとで注文が殺到して混乱すれば、そのあとマーケットが静かになったときが筆者の仕掛けるポイントとなる。これは野球のバッティングと同じで、感覚と経験によるところが大きい。しかし経験を積めば、だれでもマーケットのリズムが変わるタイミングを、音楽が変調するのを聞き分けるように、見分けることができるようになる。長めの時間枠でトレードしているスイングトレーダーやポジショントレーダーは、日足チャートの反転した足を「リンス」で仕掛けるポイントにすればよい。パターンが判明したらすぐに仕掛けて、防御的ストップ注文を直近の高値（または安値）を超えたところに置けばよい。

図8.10に、日足チャートで見るリンスの仕掛け（または「素早い」反転）の一例を挙げておく。長大陰線（1）が形成されて平均以上の出来高（2）があると、マーケットは売られ過ぎの状態になる。すると、大衆の買いによって株価は数日間急騰するが、やがてこのテクニカルな買いは勢いをなくし、株価はすぐに最も近い流動性プール（前回の反転した足の安値）に向かって下落していく。そして、この流動性プールを試すと、マーケットはそれまでの安値をブレイクし、新安値を更新してからすぐに反転する（3）。このときは出来高も多くなる（4）。これでリンスは終了で、マーケットは再びブルに戻り、新高値に向かって上昇していく（5）。

図8.10　素早い反転の例

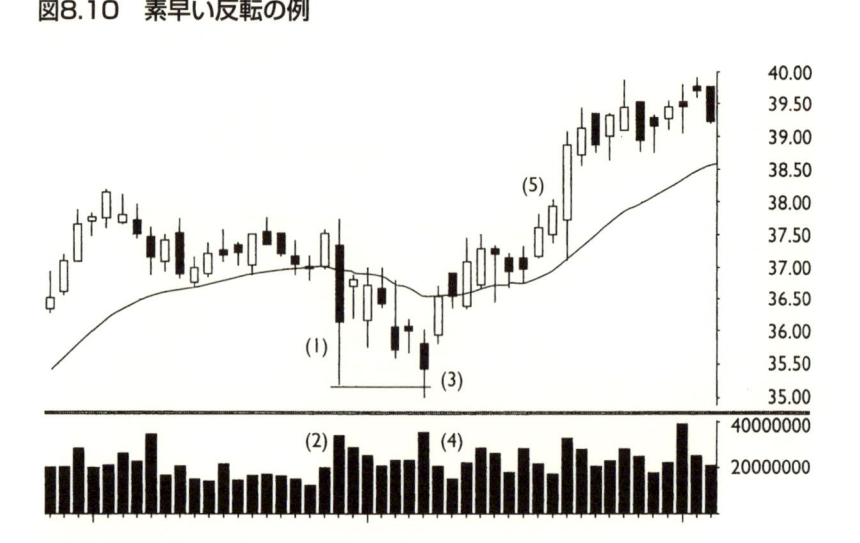

第9章

The Trap of Pattern Recognition

パターン認識のワナ

われわれは、自分が認識していないパターンをカオスと呼び、解釈できないパターンをランダムと呼び、理解できないことをナンセンスと呼び、読めないものをでたらめと呼ぶ。　──チャック・パラニューク（小説家）

　現代の投機家のための教材は、大部分が価格パターンによる仕掛け、つまり「セットアップ（お膳立て）」についてしか述べていない。しかし、大衆の魔法とも言うべき損失の才能を利用する素晴らしい方法がもうひとつある。トレードのセットアップ（が失敗して彼らがパニックに陥ったとき、その周辺の動きをとらえることだ。まずは最も基本的なテクニカルのセットアップ（である「ペナント」（高値に近いベース）を見てみよう。

ペナントパターン

　マーケットが力強く上昇したあと、株価は力尽きて抵抗線の近くに到達する。ただ、抵抗線に上昇を止めることはできても、反転させるほどの力はない。そこで、株価は下落に転じる代わりに調整に入り、売り手と買い手はほぼ完璧に近い均衡状態のなかで攻防を繰り広げる。この需給バランスが、狭いトレーディングレンジを作り出し、それがチャート上で横に広がる「ペナント」を形成する。もしブル派がマーケットを支配すれば、やがて過剰な供給はなくなる。そして、抵抗線を作り出した流動性プールが枯渇したら、株価はまたブレイクアウトして新高値へと向かっていく。

図9.1　ペナントの例

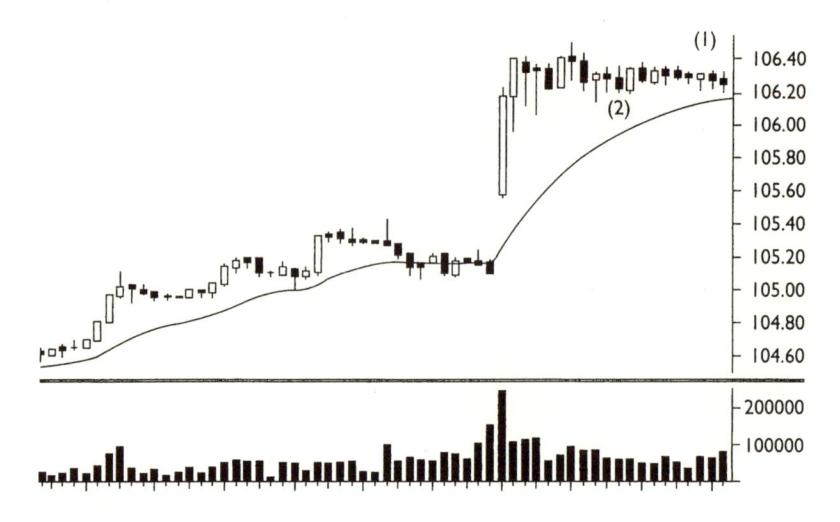

　従来、ペナント（**図9.1**参照）は株価がレンジの高値をブレイクアウトすると買いのシグナルを出す（1）。このとき、防御的ストップはレンジの最安値に置く（2）。もしペナントのパターンがダマシに終わらなければ、新高値に向かうブレイクアウト近辺の強気の買いがマーケットに極端な短期需要の不均衡をもたらす。そして需要が急増すると、トレーダーが供給を求めて株価をつり上げていくため、ペナント型ブレイクアウトの鋭くて強気の流れが生まれる。
　しかし、もしマーケットが強気注文の急増に反応できなければ、マーケットのどこかにかなり大きな供給が隠れていることが分かる。この隠れた供給は、大口のマーケット参加者が密かにポジションを手仕舞っている場合が多いが、本当の意図が明らかになれば彼らは言い訳をやめて本気で売ってくる。ダマシになったペナントのセットアップが短期的に巨大な売りの波を引き起こすことがあるのはこのためだ。

図9.2

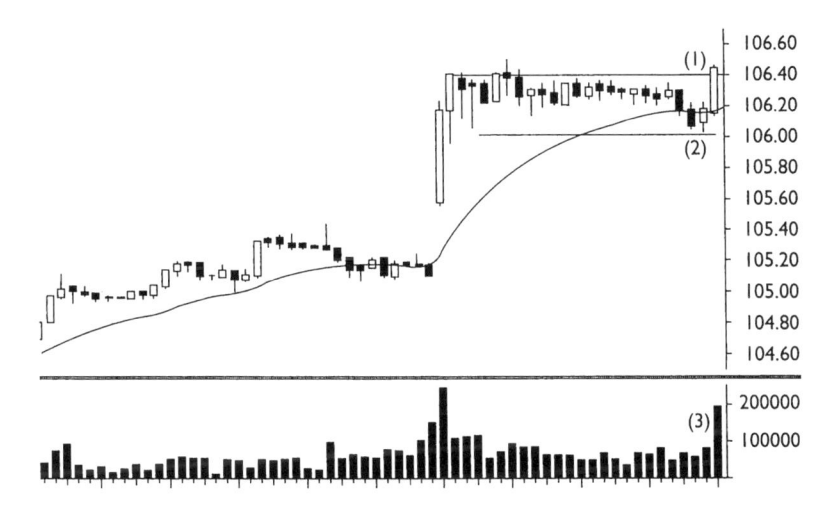

デイトレーダーや1～2日程度のトレーダーにとっては、このような反直感的「失敗」トレードで、従来のトレンドを利用したセットアップよりもたくさんのエッジが見つかることはよくある。

図9.2では、従来型のトレーダーがトレンドラインの上限のブレイクアウトに反応して長期ポジションを仕掛け（1）、防御的ストップ注文をベースの下限に置いた（2）。この仕掛けとストップ注文の組み合わせは1株当たりのリスクが0.40ドル、期待利益は1ドルなので（株価が3桁の銘柄をペナントのあとトレードした場合の典型的なケース）、予想利回りは2.5対1になる。

逆張り思考のトレーダーや大衆に向かうタイプのトレーダーは、従来のブレイクアウトのセットアップには関心がないが、それでもダマシに終わりそうなペナントを探して常に目を光らせている。もし大衆がみんなペナントで仕掛ければ、彼らは間違っている可能性が高く、

図9.3

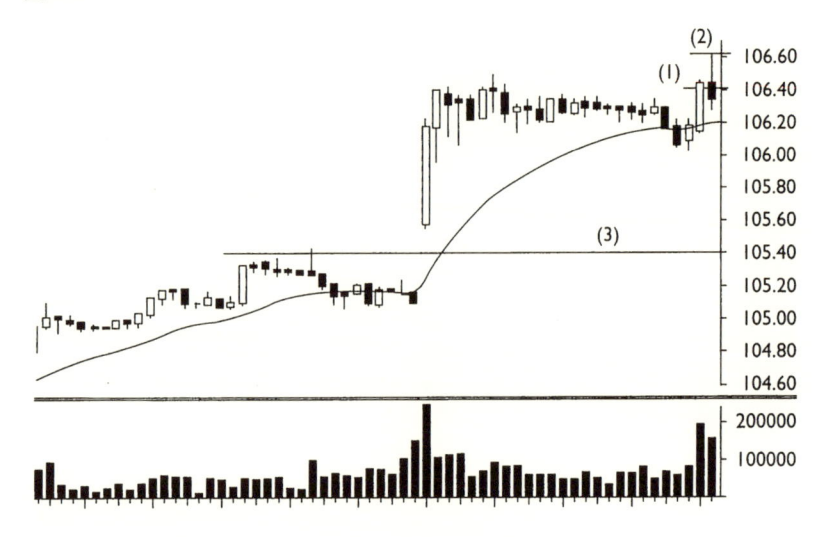

本当の利益チャンスは空売りにある。ペナントがはっきりと高値をブレイクアウトしたあと勢いが続かなければ、この銘柄は逆張りトレーダーたちのトレード候補になる（**図9.3**参照）。

　ブレイクアウトした足が反転を示すローソク足になって引けると、逆張り投資家は空売りを仕掛け（１）、防御的ストップ注文を反転を示すローソク足の高値の上に置く（２）。本来これは逆張りトレードのため、マーケットは先に紹介したウィップソウや「リンス」などの状況にはならないと考えられる。また、大衆が弱気傾向でトレードしているわけではないため、高値付近でリンス効果を引き起こす流動性プールもできていない。そのため、反転を示すローソク足の高値にストップ注文を置くのは「安全」だということになる。このトレードを分析すると、初期リスクは１トレード当たり0.20ドルだということが分かる。また、チャートには105.40ドル近辺にはっきりとした支持線

図9.4 モグラトレードの例

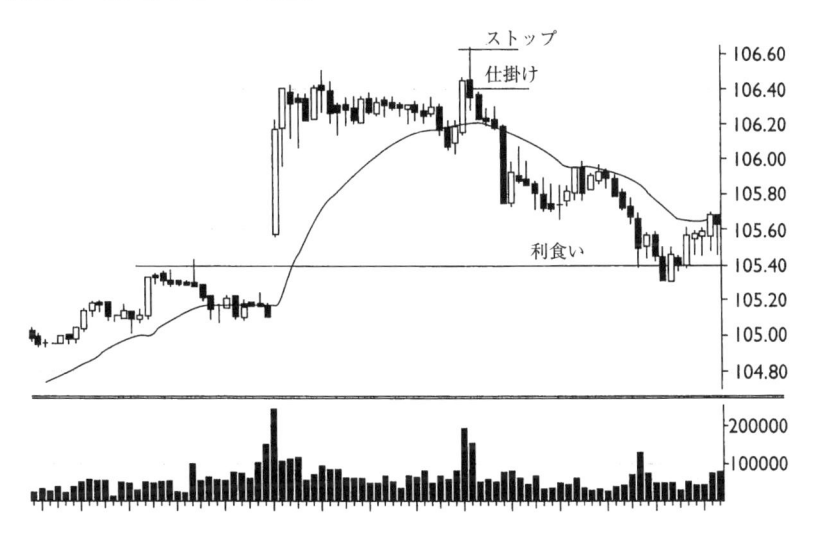

があるため(3)、このトレードの期待利益は1株当たり1ドル、リスク・リワード・レシオは5対1になる。

モグラトレード

運よくダマシのブレイクアウトが滝のような売りを引き起こし、勢いがなくなった株価が105.40ドル付近の支持線に達するトレードが実行できれば、リスク・リワード・レシオは5対1である(**図9.4**参照)。このセットアップとダマシの価格動向は、祭りなどでよく見かける「もぐらたたき」ゲームを連想させる。木槌をもって、顔を出したもぐらをたたくおなじみのゲームだ。ブレイクアウトのダマシを「モグラトレード」と名づけたのは、「もぐらたたき」と同様、株価がブレイクアウトポイントよりも上に頭を突き出すと、すかさずベア派が「たた

く」からだ。

　これらの例から分かるように、大衆に合わせたトレードにも多少のエッジはあるが、大衆に向かうほうがはるかに大きな儲けになる。もし個人のマーケット参加者として２つのセットアップに注目した場合、従来のブレイクアウトの仕掛けで利益を上げるためには、これから上昇するという意見にほかの多くのトレーダーが「賛同」してくれなければならない。このセットアップでは、株価が利益目標に到達するまで上昇を維持するための、新しい買い注文という突風が必要になる。そして、トレーダーが最後に利益を上げるためには、損失リスクをとらなければならない。従来どおりのブレイクアウトで仕掛けるということは、自分の成功を後押しする行動をほかのトレーダーが起こしてくれることに「期待」をかけるということでもある。

　それに比べて逆張りトレーダーは、はるかに優れたポジションを享受できる。彼が仕掛けるセットアップはブレイクアウトのあとしか現れないため、ポジションを建てたばかりの強気の買い手が大量にいることは分かっている。モグラトレードが成功するためには、これらの買い手が崩壊し始めたパターンに反応して、恐怖のあまりすでに建てたポジションを手仕舞いとしてくれなければならない。しかし、従来型の仕掛けと違い、逆張りトレーダーのセットアップは期待ではなく、人間の痛みを避けようとする心理という明確な知識に基づいている。つまり、モグラトレードは優れたリスク・リワード・レシオをもたらすだけでなく、勝率も非常に高くなるということだ。大衆は常に間違っているということを本当に信じられるならば、情報を持った投機家が行う群集に向かうトレードは、必然的に優れた利益率とエッジをもたらすことになる。

　「リンス効果」がなぜ起こるかを説明する流動性プール理論をさらに積極的に活用したのが、筆者が「マグネットトレード」と名づけたセットアップだ。先述のとおり、マーケットは流動性が高いエリアに

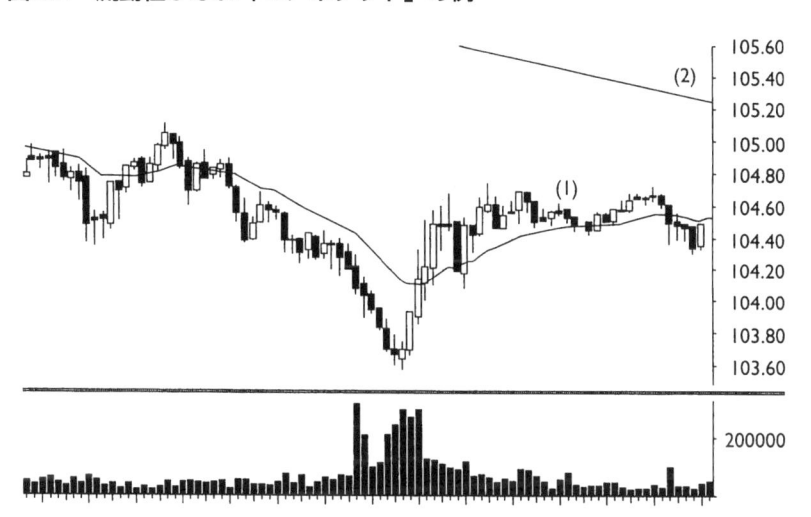

図9.5 流動性がない「エアポケット」の例

近づきつつある。株や先物やFXが巨大な流動性プールのすぐ下で買いシグナルを出せば、これは知識のある投機家にとって極めて高利益のトレードチャンスになる。

　知識のあるトレーダーなら、**図9.5**の日中チャートを見れば高値近くのベース（ペナント）に買いシグナルが出ていることに気づく（1）。また、大衆は、200ポイント単純移動平均線（200PMA）の上にある抵抗線を認識している（2）。200PMAもテクニカル指標のひとつで、支持線や抵抗線に近いことから広く使われている。強気の価格パターンとテクニカルな抵抗線というこの2つの仕掛けが、2つの濃密な流動性エリアを作り出し、その間には極端に流動性の低い「エアポケット」が生まれる。

マグネットトレード

　「マグネットトレード」は、2つの流動性プールの間を行きかうピ

図9.6 マグネットトレードの例

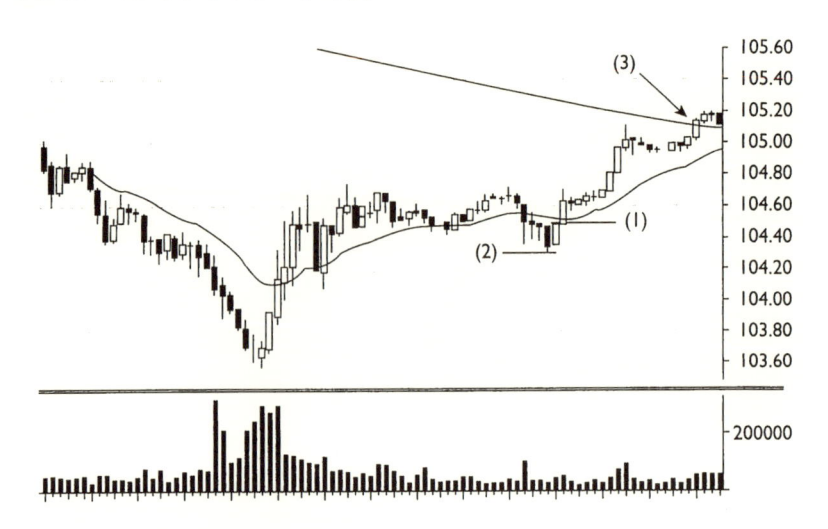

ンポンのような動きで、リンス効果とまったく同じシナリオになっている。**図9.6**のような状況では、2つの流動性プールの間のエアポケットを負債として防御するのではなく、資産として利用していく。マグネットトレードを利用するため、まずはレンジの安値（1）を試したところでポジションを建てる。次に、防御的ストップ注文をレンジの安値より十分下、つまり「通常の」ボラティリティにかかって損失に終わらないよう離れた場所（2）に置く（筆者は、過去10本のローソク足の値幅の平均をストップロスのサイズとして使う戦略を個人的に好んで使っている）。そして、ポジションを建ててストップ注文が有効になったあとは、急いで200PMAのすぐ下（3）に指値で利食いの注文を出しておく。

　チャートから分かるとおり、マグネットトレードはかなり堅実な戦略だ。ポジションを建てる前に、仕掛け、ストップ注文、利益目標な

図9.7

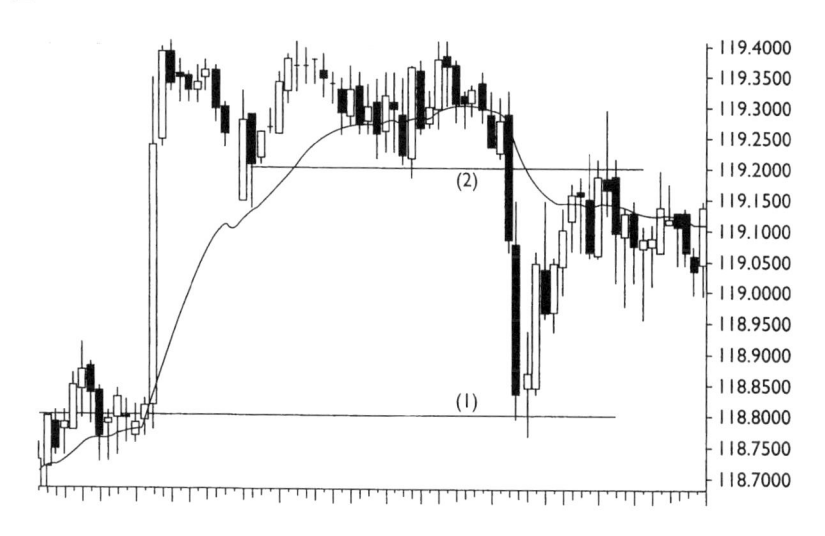

どをどこに置くかは分かっている。積極的なトレーダーが利用しているブローカーはたいてい「ブラケット注文」を受けてくれる。つまり、指値で建てたポジションに対して、損切りのストップ注文と、利益目標を試したときのための指値の売り注文をセットで出せるのだ。このように設定しておけば、あとはマグネットトレードが展開する間の管理はブローカーに任せ、トレーダーはパソコンを離れてほかのことに時間を割ける。

　本章を執筆中に、筆者は米ドルと円の為替レートが時間足チャートの支持線を試すところまで下げていることに気づいた。

　このセットアップは20PMAとも200PMAとも関係ないが、やはり典型的なマグネットトレードと言える。従来のテクニカル分析では、前回支持線を再度試したところが抵抗線になるとしている（**図9.7**参照）。つまり、たくさんのベア派が、119.20円近くの抵抗線を試した

ら空売りしようと待ち構えているのが感じとれる（2）。もし118.80円の支持線が持ちこたえれば（1）、待ち構えているベア派が作り出した流動性プールとの間に流動性の低いエアポケットを生み出すのは間違いないと思う。このとき、執筆に忙しかった筆者は、118.80円の支持線を試したら30万ドル分の円を買うよう指値で注文を出しておいた。またそれとリンクして、もしドルが下げ続けて118.60円の水準を試したら、損切りのストップ注文も出しておいた。そしてもうひとつ、もしドルが上げて119.20円付近の抵抗線を試したら、円を売る指値注文も出しておいた。これらの注文を出したあと、筆者はトレード画面を完全に無視して執筆に集中していた。

　少しして、注文が執行されたことを知らせるアラームが鳴り、最初の指値注文が完了したことが分かった。そこで、損切りのストップと利食いの指値に間違いがないかどうかと、注文が有効になっていることをもう一度確認して、再び執筆活動に戻った。何時間かが過ぎ、再びアラームが聞こえたのでマーケットを見ると、ドルは支持線を試したあと急上昇してエアポケットを突き抜け、抵抗線を試していた。チャートを見れば分かるように、この抵抗線はベア派がトレンドをコントロールし始めたらドルを下落に転じさせるほど強力だった。

　再びチャートを見ると、筆者のマグネットトレードはすでにノイズにかき消されてしまっていた。しかし、このセットアップは20ピップスの初期リスクに対して約35ピップスの利益（1.75対1）を生み出した。最初のポジションが30万ドルだったので、1ピップスは約25ドルになる。つまり、筆者がまったく別の活動に没頭している間に、880ドルの利益が実現していたことになる。これは、仕事としてのトレーディングの魅力のひとつと言ってよい。学習曲線は険しくて急かもしれないが、能力を身につければパートタイムの労働でフルタイムの収入を得ることも可能になるからだ。

チャートのストーリーを読む

　特定のマーケットで、テクニカルトレーダーのどの層が活発にトレードしているのかを分析すれば、単純なパターン認識だけではけっして達成できない勝率を生み出すトレード戦略を立てることができる。チャートの読み方が上達すれば、それぞれのチャートが需給のストーリーを語る絵コンテのように見えてくるはずだ。

　従来のテクニカル分析を、文字を習い始めた子供だと考えてみてほしい。子供はページをめくって知っている言葉があると、興奮して指で指し、叫び声を上げる。一方、チャーティストは、画面を見てもひとつひとつの単語や文章や段落を見ているわけではない。彼らは段落を一瞬で読み取り、チャートが語るストーリーや状況を把握しようとする。筆者も、新しいチャートを見るたびにストーリーを読み取ろうとする。もし従来の戦略である押しや戻りで仕掛けたトレードが過去3回完璧にいったことをチャートが示していれば、そこには強気ポジションの含み益を抱えた大衆がいることが分かる。

　筆者にとっては、トレードしている大衆の数が多い銘柄ほど、将来の動きや、内部崩壊につながりかねないパニックポイントを予想しやすくなる。株にはそれぞれ、従来のテクニカルアナリストとの現在の相性に基づいた「死のダイビング」が組みこまれている。繰り返しになるが、大衆は必ず負ける。そのため、彼らは利益が上がっているときはいつもの負けから解放されてほっとすると同

> **インサイダーのアドバイス**
>
> 従来のトレードテクニックとテクニカル分析についてできるだけ学んでおいてほしい。そしてその知識を、チャート上で本当に起こっていることをまだ理解できていないマーケット参加者の逆を行くために使ってほしい。

図9.8

時に、その利益を過剰に防衛しようとする。そのとき、もし押しのひとつが勢いを失ってパターンが崩壊すれば、情報を持たない大衆は長期のエクスポージャーを手離そうとして、ヒステリックな売りが発生する可能性が高い。

　ここまで来れば、**図9.8**のストーリー展開は想像がつくと思う。パニックを起こした大衆の動きがもたらす予想と潜在利益を利用したトレードチャンスを見つけられただろうか。

第10章

Monitor Your Highs and Lows

高値と安値を観察する

みんな相場から自分の欲しいものを手に入れる。

——エド・スィコータ

　金融市場の投機は、要するにお金を儲けるための活動だ。ただ、恋に落ちたり、家族を持ったり、新しい仕事を始めたりするのと同様、投機にも気持ちが極端に高ぶる場面もあれば落ち込む場面もある。このような感情のスイングは、よく理解してうまく管理しなければ、健康やライフスタイルや人間関係に多大なダメージを及ぼすことがある。筆者がコンサルティングを行っている顧客に学んでほしい最も重要なことのひとつは、トレーディングを健康でバランスのとれた人生の一部として融合させることだ。われわれはみんな幸せになりたい。そして、トレーディングは本当の幸せを探す時間を得るために基本的に必要となるものの多くを提供してくれる。ところが、実際には顧客のトレーダーの多くに、マーケットに対して強い脅迫観念や依存症的行動の兆しが見えている。

行動の動機付け

　われわれの心の中の善悪の元には、すべて神経伝達物質のドーパミンがかかわっている。ドーパミンが脳に分泌されると、強い喜びや満足を感じ、それがわれわれを報酬や動機に関連した行動に駆り立てる。特別においしい料理を食べたり、久しぶりに愛する人に会ったり、厳

しい試合を勝ち抜いたりしたとき、その「幸せな場所」に導いてくれたのは、実はドーパミンなのだ。つまり、ドーパミンは喜びや幸せや満足の化学的呼び名だと思ってほしい。

　自然な状態において、このドーパミン反応は長生きと繁殖のための行動を促す。しかし、現代人のライフスタイルは、自然の状態とはほど遠い。われわれは化学と行動によって喜びを操作する方法を学んだが、そのような試みがわれわれの判断過程を混乱させる可能性もある。ドーパミンが作り出す満足感と幸福感は非常に強力かつ根本的なもので、極端な場合はその喜びのために人間の基本である自己保存の本能さえ無視するよう脳に働きかけることもある。

　コカインを摂取すると、ドーパミンの分泌を抑制し、人工的に集中力が高まる。薬物使用者は、一時的に「純粋な喜び」を経験し、その記憶が繰り返し摂取しようとする動機付けになる。しかし、薬物を摂取すると、その人は自分の体の動機システム（行動の動機付けと報酬をつかさどる機能）を奪われてしまう。自然な状態では、動物としての人間が「良い」行動に遭遇すると、脳は大きな報酬としてドーパミンを大量に分泌する。このとき急増した喜びの感情が記憶に残り、それが将来同じ行動をとる動機になる。

　この単純な行動のフィードバックループは非常に筋が通っているが、ここには重大な欠陥がある。もし古代人がおいしい実を食べるたびに脳がこのように反応したらどうなるだろう。仮に、この実は非常に栄養があると彼の体が認識したら、彼の脳はドーパミンを放出してこの行動に報いる。ただ、これが固定的なシステムだと、古代人は喜びと満足のレベルを高く保つため、取り付かれたようにこの実だけを食べるようになってしまう。そのため、脳は繰り返し行われる楽しい行動に対しては、喜びの水準がスライドするようになっている。楽しい反応を引き起こす行動を新しく発見したとき、ドーパミンレベルは極めて高いが、同じ行動を繰り返していると、その楽しみが予想できるよ

うになっていくのだ。

　脳には予期しない喜びに対して、より強く報いるという習得回路が備わっているため、それが探査の動機付けになる。同じ行動を繰り返すと、ドーパミンの分泌量が減っていくため、喜びや満足といった報酬が減少してその出来事に対する刺激が減り、繰り返したいという動機も薄れていく。このドーパミン反応の減少というサイクルが、新しい経験を探し求める動機につながっている。

　この行動の動機付けループは、食べ物、住居、生産といった基本的に必要なことで考えれば、完全に筋が通っている。しかし、これを金融市場など仮想の世界に持ちこむと、脳はほとんど必ずと言っていいほど最悪のタイミングでシグナルを送り出す。今や有名になった研究で、リスクとリワードがある課題を与えられた猿のドーパミンレベルを観察した実験がある。猿たちは視覚的な興奮を与えられ、レバーを引いて反応することになっている。1回目の実験では、特定の色が表示され、レバーを引くと必ず報酬が与えられる。2回目の実験では別の色が示され、レバーを引いても報酬は与えられない。そして最も重要な3回目、また別の色が示されて猿がレバーを引くと、報酬は2回に1回ランダムに与えられるようになっている。

　実験の結果、猿が特定の色を正しく認識して確実に報酬が与えられたときは、最初の2〜3回しかドーパミンレベルは上がらなかった。これは何回か報酬が与えられると、猿は刺激と反応の関係を理解し、報酬を予想するようになったためだと考えられる（1回目の実験では報酬が必ず与えられた）。先に紹介した行動のフィードバックループによって、ドーパミンレベルは期待した報酬が与えられるたびに少しずつ低下していったのだ。面白いことに、2回目の実験で猿がある色は必ず報酬が与えられるのに、別の色では与えられないことに気づくとドーパミンのレベルが1回目と同じように激しく上昇した。これは、猿が学習の喜びを経験しているからだと考えられ、この実験に

よって報酬があってもなくても急増したドーパミンの量が同じくらいだったことが証明された。トレーダーのなかで、調べたり勉強したりしながら戦略を立てるのは好きなのに、それを導入する段階になるとぶざまに失敗するタイプは、このことと関連しているのではないかと筆者は考えている。彼らは、新しいパターンを発見して良い気持ちに満たされることを求めているだけで、そのパターンを実際に使うことにはあまり関心がないのだと思う。

　猿を使った研究で、最も重要かつ興味深いのは３回目の実験だ。この実験では、正しい色を認識しても報酬が与えられる確率は50％しかなく、それも完全にランダムに与えられる。猿は、次にレバーを引いたら確実に報酬をもらえるということが絶対にないため、報酬のパターンを発見しようと必死でレバーを引き、無駄な努力を続ける。このとき、ランダムに報酬をもらえる色が見えるたびに猿のドーパミンレベルは上昇し、ランダムに報酬が与えられると、激しくそのレベルは上昇した。ただ、ランダムに報酬が与えられないときでも、猿のドーパミンレベルは上昇しており、これは単純に潜在報酬を期待したからだと思われる。

儲かるトレードは退屈だ

　ドーパミンレベルを高く保つ方法を探し求めるわれわれは、良い気持ちになれる行動や経験を延々と探し続ける。戦略を次々と取り替えていくトレーダーが安定した利益を維持できない傾向にあるのは、そのせいだと思う。しかし、ここは経験から来る声に耳を済ませてほしい。儲かるトレードは、ものすごく退屈なものだ。エッジはあっても、たったひとつのトレードが成否を決めるわけではなく、単純に一定の時間を費やして、その月の利益をコツコツと積み上げていかなければならない。さらに、優れたトレーディングプログラムの裏には、しっ

かりとしたトレード計画がある。ストレスが高まる状況は、すべて前もって分析されているため、ランダムに起こる「スリル」は最初から排除されている。それでも猿の研究によって分かったように、われわれは取り付かれたように新しいパターンを探そうとする習性があり、トレーダーもこれまでの方法（手作業、連続作業、事務処理など）を使わずに新しいエッジを探そうとする（発明、創造、改革など）。

　人間には、生活のなかでパターンを発見し、それを利用するためのユニークな方法を探すことが習性として備わっている。だからこそわれわれは創造する過程を楽しみ、時間があると何かを学んだり、作ったり、描いたりする。筆者は、われわれがパターンを認識しようとするのは、それを脳が必要としているからであり、それがゲーム業界を世界中で数十億ドル産業に押し上げた原動力だと考えている。この習性によって、テトリスのような単純で反復的なゲームでさえ非常に大きな満足感をもたらすのだと思う。

　脳の回路と動機付けの基本プロセスを理解することは、投機家にとって重要な情報になる。自分のトレーディングに対する動機の指針となる思考過程を理解すれば、その知識はほかのマーケット参加者の非論理的な動機を利用するために使うことができる。決算発表が予想外の結果だと株価が「根拠なき熱狂」や落ち込みの状態になり、予想どおりだと反応がなかったり、むしろトレンドと逆の動きを見せたりする理由は、脳神経科学にあると思う。

　予想外の出来事に対して反応が大きくなることは、先述の大衆に向かうトレード戦略に優れた利益をもたらしている。長期的に見ればトレンドを継続させるパターンに反応してマーケットは上昇していくかもしれないが、「予想外」のダマシに遭えば、一時的には急落する可能性が高い。簡単に言えば、投機家はほかのマーケット参加者のリスクを獲得することで利益を上げようとしている。理論的に考えて、マーケット参加者が自分のポジションを売ろうとするのは、リスクに対

して潜在リワードが小さいと感じているからだ。そして、その判断が正しければ、その株や先物やエクスポージャーを買った投機家は「さらなる愚か者」ということになる。投機で利益を上げることができるのは、マーケットが極端な展開になると、感情やエゴやそのほかの科学的、生物学的動機によってマーケット参加者が途方もなくまずい判断を下すからなのだ。

降伏トレード（もし可能ならば）

「降伏」とは、マーケットが急落して、トレーダーや投資家の心に極端な恐怖が生まれる状態を表している。恐怖は、マーケットで経験する最も強力な感情かもしれない。恐怖によって、一般投資家は保有している株を「真の価値」よりもはるかに安く売ってしまう。マーケットが激しく下落すると、損失がもたらす心理的な痛みから情報を持たない投資家は訳の分からない興奮によって防御的な反応を見せることが多い。ここで、主要なマーケット指標の降伏サイクルを使って、平均的な投資家の心理状態を見てみよう。

ある主要な指数の日足チャートを**図10.1**に示してある。この指数は、最初の2～3カ月は安定した上昇トレンドに乗って順調に上昇していた。この指数は、移動平均の支持線を試すたびにブル派が大挙して仕掛けるため、その都度トレンドは勢いを回復していた。投資家は喜び、満足し、利益を上げていた。そこに、ニュースが駆け巡り、多くの投資家は強気の傾向に疑問を持ち始めた。

最初の売りの波を起こしたのは、ニュースが上昇を止めると考えたトレーダーたちだった。彼らの売り注文はマーケット開始前にたまっていたため、寄り付きは大きなギャップダウンとなった。次に、予想外のギャップを見たトレーダーたちが、昨日までの含み益が消滅していることを知って恐怖に震え、それがさらなる売りを呼んだ。大部分

図10.1

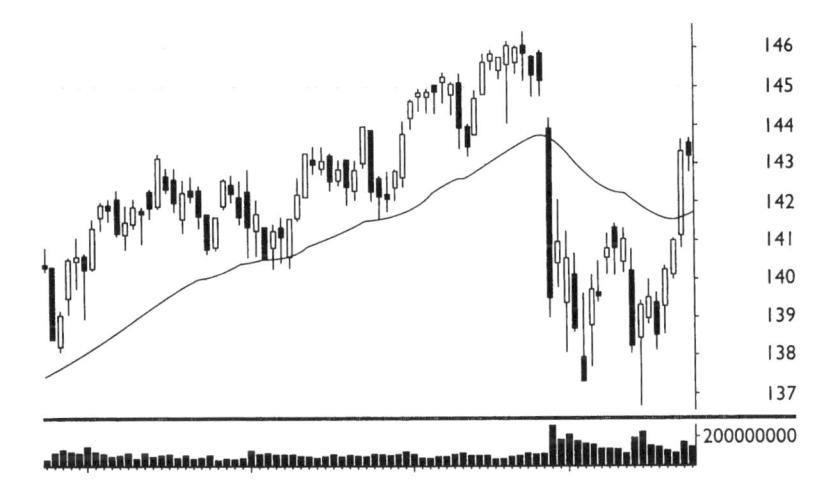

のブル派は、朝のニュースを聞いて買い注文を取り下げたため、その朝出ていた売り注文は大変安い価格で執行された。そして、この弱い需要と強い供給という組み合わせが、マーケットを激しく押し下げていった。

　日中、マーケットが底を打つたびに、期待の波がトレーダーの間を駆け巡った。なかには、マーケットが底を打って反転することを期待し、買い始めるトレーダーもいた。長期ポジションを建てていた投資家は、マーケットが底を打って、その後の上昇が失ったばかりの含み益を補ってくれることを期待した。しかし、マーケットが新安値を更新するたびに膨れ上がった期待は打ち砕かれ、新しい売りの波がトレーダーだけでなく、長期投資家からも出始めた。底値で買おうとしていた投機家は、安値の下に損切りのストップ注文を置いていたため、この注文まで執行されて投資家の売り注文と競う形となり、結局は下

落をさらに激しくしていた。

　この恐怖と興奮が高まり続けるサイクルは、昔の消防車に付いていた手動のサイレンに似ている。このサイレンは、ハンドルを回すたびに音程と激しさが増していき、最後は耳をつんざくような甲高い音になる。マーケットも極端なレベルに達すると、マーケット参加者の大部分があきらめ、みんな下落がどこまでも続くと思い始める。トレード口座から莫大な資金が消えていくのを目の当たりにし、この先も損失が続くと思ってしまうのだ。暗い気分に陥ったトレーダーは、ブローカーに連絡して「いくらでもいいから」売ってくれと頼む。こうなると降伏は目前で、マーケットでは最後の急落が起こることが多い。

　売りの波がモメンタムを増して興奮の極に達しても、情報と経験を持つ投機家は客観性を保ちながら完全な降伏状態を待つ。彼らは大衆が常に間違っていることを知っているため、降伏に至る最後の売りの波が分かれば、大衆がマーケットを離れた瞬間に仕掛けることができる。繰り返しになるが、この利益率の高い仕掛けポイントを生み出すのは、流動性サイクルの存在なのである。

　マイナスの感情が極限に達すると、大衆が一斉に売ろうとするポイントがある。この降伏フェーズでは、マイナスの見通しにもかかわらず買い手が現れる水準を見つけるまでマーケットは下がり続ける。そして、買い（需要）が大衆の売り（供給）を上回れば、マーケットは停止して完全な降伏状態に至る。

　そのあと、マーケットは急激に反転し、下落したときと同様、ヒステリックとも言える勢いで急騰する。この背景には、降伏サイクルの間に、売りたいポジションを抱えていたトレーダーがみんなあわてて手放したという事実がある。そしてマーケットが底を打つと、反転の兆しがブル派の関心を引くが、売り物はほとんどない。そこで、ブル派同士が競い合って買うことになり、それが株価をつり上げていく。このとき、反発を予期して買っていたトレーダーは、降伏状態から生

図10.2

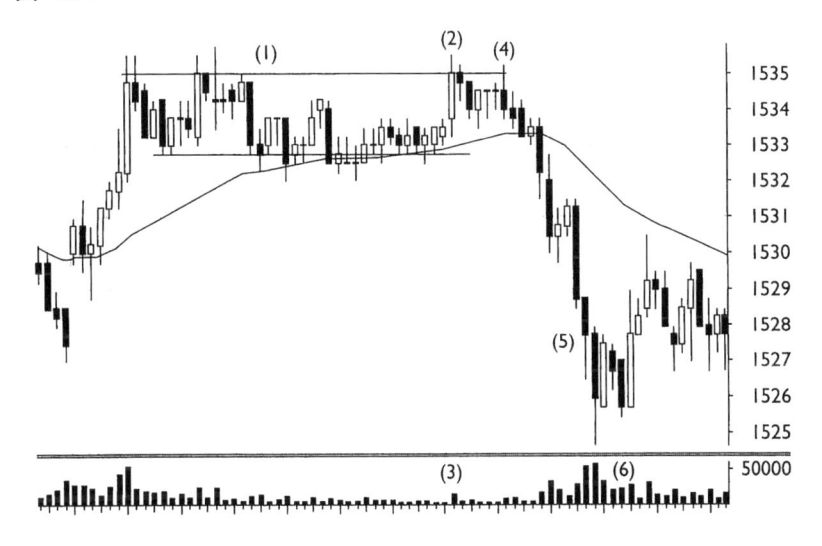

まれた「エアポケット」で手早く大きな利益を手に入れることができる。

情報を持っている投機家なら、ここではマーケットがいつ興奮のピークに達するかを判断し、そのあとの反発を期待して長期のエクスポージャーを立てるべきだろう。**図10.2**は、1日の取引のなかで起こった典型的なサイクルの展開を描いている。

この日は、ある程度力強く始まった。しかし、強気の価格推進力は午前10時ごろに力尽き、おなじみのペナント（または高値付近のベース）を形成し始めた（1）。昼休みの停滞が終わると、ブル派がマーケットに戻り、株価は上昇してレンジの高値をブレイクアウトした（2）。この強気の価格動向がテクニカルトレードの大衆の買い注文を引き起こし、この傾向は買いシグナルが試されると出来高が突出したことで確認された（3）。ブレイクアウトのあと、マーケットは小刻みに動き、そのあと再度ブレイクアウトポイントを試したときに前

回よりも安い高値を記録した（4）。このダマシのブレイクアウトによってマーケットでは下落が加速し始め、それがブル派のパニックを引き起こした。

しばらく売りが続いたあと、ブル派はおびえ始めた。彼らはあわててポジションを手仕舞い始め、「コストを無視して売れ」という姿勢がローソク足数本分の高ボラティリティを引き起こした（5）。このボラティリティが極限に達すると、出来高はこの日の最多に達した（6）。長大線と多い出来高の組み合わせが降伏の印で、その極端な値が持続的な安値につながっている。

マーケットの高揚期

高揚は降伏のちょうど正反対で、これまで述べてきた恐怖のサイクルを欲のサイクルに置き換えればマーケットは同じように加速して頂点に向かい、天井を吹き飛ばす。筆者の経験では、マーケットの行きすぎは上方よりも下方へのほうに増幅されているため、どちらかといえば降伏期にトレードしたい。降伏期の間、トレーダーはすでに保有している株を売って、そのとき抱えているマーケットリスクを減らそうとする。マーケットが高揚するためには、トレーダーが下方リスクはほとんど、あるいはまったくないと考えていて、もしこの上昇の波に乗れなければ莫大な利益を逃すのだと確信していなければならない。しかし、人間は本来悲観的な生き物で、「流行の株」を買うだけで純資産額が2倍になるという話よりも、このままでは老後の蓄えがなくなるという話のほうを簡単に信じてしまう。

このような心理的理由によって、筆者はたとえマーケットが高揚期にあるときでも、恐怖心に基づいたトレードを探している。そして、マーケットが降伏状態にあるときは、反発を見込んで積極的にエクスポージャーをとっていく。しかし、マーケットが高揚状態になるとき

に天井を目指して仕掛けることはほどんどない。その代わり、マーケットがトレンドの転換を示すシグナルを出すのを待つ。この反転パターンは、非常によく知られていて仕掛ける者も多いため、少し前まで正気とは思えないほど強気に買っていたトレーダーが、ほとんど必ずと言ってよいほど強い恐怖を伴った反応を見せる。この恐怖の反応がもたらすウィップソウは非常に予想しやすいうえ、高揚期の出来事よりもずっと大きいリスク・リワード・レシオを生み出すと筆者は考えている。

筆者の好きな反転パターンはダブルトップの変形で、筆者はこれを「ピークリバーサル」と呼んでいる。この反転パターンは、マーケットが高揚状態になったあと下落して支持線を試すときに形成される。弱気の反転は十分明確で、ベア派の関心を引き、大衆が空売りシグナルに従って仕掛けるほど大きな下落が必要になる。彼らの売り注文がマーケットを下げるが、流動性の需要はすぐに満たされる。高揚期の前の急騰を逃した経験不足のトレーダーは、この押しを買いのチャンスだと思って「二度目のチャンス」の長期ポジションを建てる。

この買い圧力がマーケットをベア派の空売りで生まれたエアポケットまで押し上げ、前回の高値を再度試す。反転ベースの戦略の多くは、直近の高値や安値を防御的ストップを置く水準として使っているため、高値よりも何ティックか上に大きな流動性プールができていることは間違いない。この流動性プールが株価をブレイクアウトに導き、前回の高値を超えるとストップ注文が執行され、マーケットは緊張のなかで急騰していく。

高揚状態というのはたいていは激しい出来事で、ベア派の多くは空売りのチャンスを逃しているため、次のブレイクアウトは二度目の空売りチャンスとして大いに歓迎される。ブレイクアウトを目指した上昇は、このような経験不足のブル派が二度目のチャンスを狙ったことによるものなので、出来高自体は多くない。ところが、ブル派の圧力

が高まり始めると、彼らはダマシのブレイクアウトに対して恐怖の反応を見せる（言い換えれば、マーケットは前回の高値を「ほんの一瞬だけ素早く」超えただけですぐに反転する）。そこで彼らは、「いまいましい、また引っかかってしまった」と叫びながら、キーボードを叩いて損失を食い止めるための注文を出す。すでに弱気になっているところにこの積極的な売りが入り、マーケットは急落していく。筆者が長年このパターンを愛用している本当の理由はここにある。

ピークリバーサルの心理

　トレンドの転換を予想して新高値をブレイクアウトでマーケットの動きとは逆に仕掛ければ、その成否はすぐに分かる。もしマーケットが上昇し続けてブレイクアウトの有効性が確認されれば、防御的ストップ注文が執行されてすぐに損失が確定するからだ。もしダマシのブレイクアウトでマーケットもヒステリックに反転したら、マーケットの内部爆発によって素早く莫大な利益が積み上がる。そのうえ、このトレードはすぐに手応えがあることで、あまりストレスがたまらないし、資金を有利なトレードだけに固定することができる。ピークリバーサルがダマシで直後にストップロス注文が執行され、すぐに損切りできるということは、次のトレードチャンスにいつでも資金を投入できる状態にしておくということでもある。

　図10.3では、強気のマーケットが高揚状態で下方向のピボット反転を形成している（1）。そして、これが上昇を止め、「買いのみ」のどん欲な高揚状態が作り出したエアポケットで売ろうとする利食いたい人や弱気の人などを引きつける。しかし、この急増したテクニカルの売りが供給を満たしてしまうと、株価は下げ止まる（2）。ただ、このテクニカルな売りは、また新たなエアポケットを作り出す（3）。短い時間枠の押しにむやみに反応した経験不足のブル派は、マーケッ

図10.3

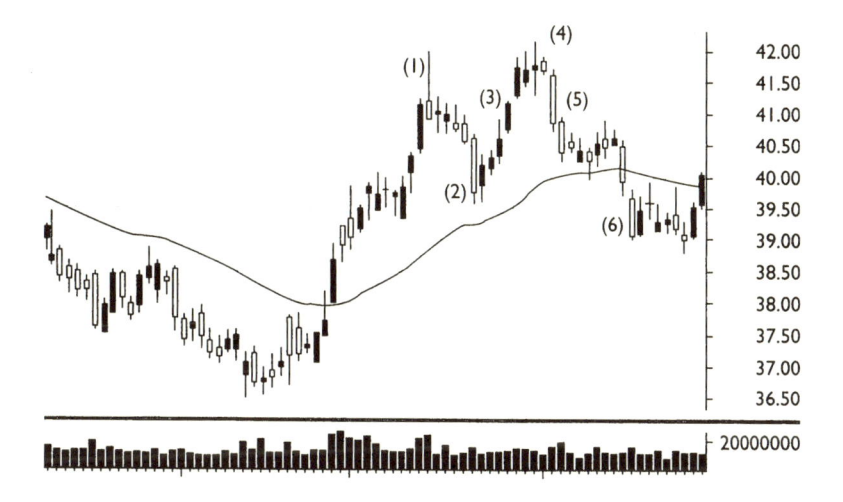

トにある少ない株数を奪い合うことになり、それが株価を以前の高値付近へと押し上げていく。そして、42ドル付近でブレイクアウトすると、いずれベア派のストップ注文が執行されることになる（4）。

　防御的ストップ注文の多くは、成り行き注文の形になっているため、「いくらでもいいから買え」という流れがマーケットを押し上げ、ブレイクアウトで買う者が活発になる。そして、この銘柄の需要が満たされると、また別のエアポケットが誕生する（5）。以前の例でも見たとおり、ブレイクアウトがダマシでブル派の恐怖心が高まると、マーケットの需給バランスが大きく崩れ、ピークリバーサルでの空売りが利益目標に達するため、株価が激しく下落する（6）。

　このケーススタディを見直すと、さまざまな層のトレーダーが十分分析されていない情報を基に動かなければ、ピークリバーサルパターンは形成されないことが分かる。筆者は、ピークリバーサルの強力な

利益率と、「スマートマネー」が仕掛けるポイントの前にある足で多くのトレーダーが犯す間違いは、直接関連していると考えている。このパターンを日中チャートでトレードしていると、リアルタイムで注文の流れが見えるため、筆者はブレイクアウトで流動性が急増したあと小休止したところで空売りを仕掛ける。これは、前述のペナントのダマシのブレイクアウトで仕掛ける戦略と同じスキルを用いている。買い注文の流れが一度停止するのを待って、継続するか反転するまでの間に空売りを仕掛けるのだ。

　ちなみに、さらに大きな時間枠でピークリバーサルを見たいときは、株や先物やFXが新高値を更新したすぐあとに形成される反転を示すローソク足を探すことにしている。

　図10.4を見ると、この上昇トレンドが17.50ドル近辺を試したあと（1）で高揚状態に突入したことがはっきりと分かる。そして、次の4日で必要な押しが形成されたあと（2）、マーケットは上方を目指し、さらに高値を更新するが、そのあとすぐに一度でなく二度連続して反転する（3）。もしピークリバーサルパターンがはっきりと日足チャートに表れていたら、翌日の寄り付きで空売りを仕掛けるべきだろう。ピークリバーサルはウィップソウのウィップソウのウィップソウと考えることもできる。もし防御的ストップ注文を17.50ドルの高値のすぐ上に置いておけば、このパターンがとらえようとしている恐怖がマーケット全体に広がって株価がいかに素早く急激に動いたかが分かるだろう。

　前述のとおり、みんな良い気分でトレードしたい。しかし、これまでの説明で「良い気分」がプラスのエッジよりもマイナスのエッジを見極めるシグナルになる可能性が高いことは分かってもらえたと思う。トレーディングルームで獲物を狙うときは、マーケットでプラス（儲からない）ではなくマイナスの気分（儲かる）を引き起こす行動を探すべきだということを覚えておいてほしい。そうすれば、脳内の科学

図10.4

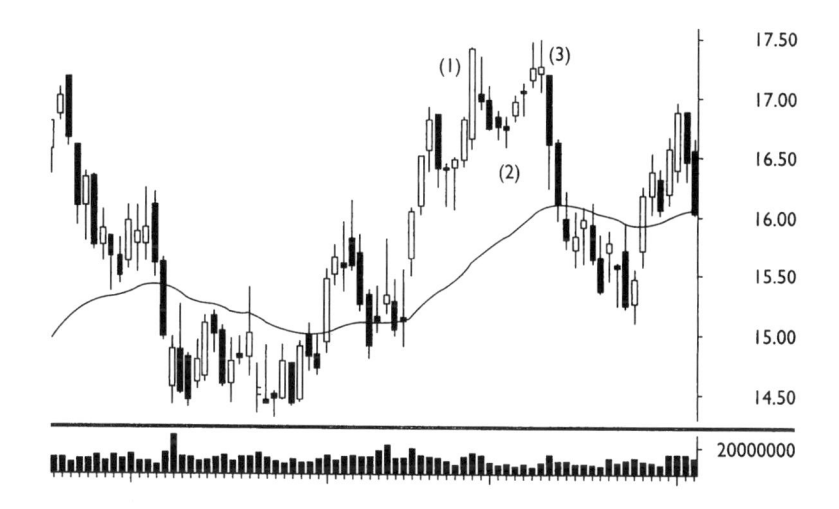

成分の強力なサイクルが引き起こす感情を、自分の満足感のためではなく、金銭的な利益を得るために利用できる。実は、顧客の多くがこのワナに陥ったあとで筆者のコンサルティングを受けに来る。この時点で彼らは、トレーディングの最終目的がマーケットで利益を上げてマーケット以外の人生で満足度を高めることだということを忘れている。

自分のストレス反応を管理する

投機利益と直接かかわる人間の神経科学のもうひとつの局面に、ストレス反応がある。嫌な経験に直面すると、われわれの神経系は脳に２種類のホルモンを分泌する。ひとつはアドレナリン（またはエピネフリン）としてよく知られている物質で、もうひとつはコルチゾール

という一般にはあまりなじみのない物質だ。

　原始時代の人間は、数多くの身体的脅威にさらされていたため、ストレス反応は短期的に身体的パフォーマンスを高めて、うまく戦ったり、危険な状態から逃げだしたりするためのものだった。アドレナリンとコルチゾールが生命維持のための必要度が低い臓器の血液を減らして、血中の糖分とグリコーゲンのレベルを上げると、筋肉に栄養が補給され、心拍数と呼吸が増えて身体機能が高まる。本格的なスポーツ選手を見れば分かるとおり、これらのホルモン反応は非常に効果的に身体的パフォーマンスを高めてくれる。

　しかし、トレーダーはもじゃもじゃの毛に覆われたマンモスと戦ったり、サーベルタイガーから逃げ延びようとしているわけではない。それどころか、1日中エアコンの効いた部屋で快適な椅子に座り、パソコン画面の画素の動きを見ているだけだ。つまり、われわれの生物としてのストレス反応は、目の前のタスクと比較してまったく釣り合っていない。それに、あまり大きな声では言えないが、アドレナリンとコルチゾールのレベルが上がると、認知障害が起こるという事実もある。これらのホルモンが分泌されることで戦闘能力が高まったり速く走れるようになったりするが、この強化計画には戦略を深く考えることは含まれていない。投機家が健康を保ち、何よりもトレードのミスを減らすためにストレスを管理したり減らしたりすることを学ばなければならない理由はここにある。

　ホルモンストレス反応とトレード結果のマイナスの関係を理解し始めたころ、筆者はストレスを管理するためのさまざまな方法を試してみた。しかし、多少助けになる方法もあったが、大部分は効果がなく、どれも試したあとでむなしくなった。筆者が気になったのは、認知機能の低下だった。当時、デイトレーダーだった筆者には、膨大な量のデータをリアルタイムで分析していく必要があった。これは、場が静かなときでも難しい作業だが、経験不足がそれをさらに難しくしてい

た。過大なストレスがたまり、アドレナリンとコルチゾールのレベルがピークに達すると、当惑して、自分のエッジを蝕む極めて基本的なトレードミスを犯してしまう。筆者にとって最大の難関は、科学者たちが言うストレス反応で認知能力が十分に機能しなくなるという点だった。

筆者はさまざまなストレス管理のアイデアを試したが、満足できる方法は見つからなかった。しかし、あるときひらめいた。脳の本来の生物学的機能を自分でコントロールできるなどというのはバカげ

インサイダーのアドバイス

どんなトレーダーでも使える生物学的に見合った単純なストレス管理テクニックを紹介しよう。心拍数を高めて、増加した血中の糖分とグリコーゲンを燃焼させるような高度な集中力を要する運動を何かひとつ見つけるだけだ。このような運動をすると、肉体と精神の健康維持に役立つだけでなく、トレーティングに対する集中力が驚くほど高くなる。また、トレードを始めて何年かの間によく起こる精神的なミスや単純ミスがなくなり、正確に実行したり細部まで注目する能力も劇的に向上する。

た考えに聞こえるが、自分のホルモンと戦うよりも、それらとともに目標を達成する方法を見つけるべきなのだ。それからは、トレーディングでストレスを感じると、それはアドレナリンが神経系に分泌された症状であることを自覚し、身体の期待に応えることにした。闘争と逃走だ。快適な椅子から立ち上がり、ストレスホルモンを燃焼するため、腕立て伏せや、階段の往復や、近所へのジョギングなどの簡単な運動に集中していると、マイナスホルモンが燃焼され、認知能力と感情バランスが回復するのが自分でも感じられる。

第11章

What Kind of Trader Are You?

自分はどのようなタイプのトレーダーか

人を知るものは智なり、自らを知るものは明なり。人に勝つ者は力あり、自ら勝つ者は強し。
——老子

　トレーダーとして成功するか否かは、マーケットやトレードシステムや戦略などの外部要因ではなく、自分の内面の成長と発達だということがそろそろ分かってきたと思う。エッジに満ちた戦略は、20回生きても使いきれないほどあるのに、多くのトレーダーは「完璧な戦略」という聖杯を求めて仕事時間を無駄にしている。真実は、すべての戦略がぴったりと合うマーケット（ペイアウトサイクル）と普遍的に失敗するマーケット（ペイバックサイクル）という独自の周期性を持っているということだ。筆者は、あらゆる職業のトレーダーに助言してきた経験から、長期的に利益を上げていくトレーダーになるためには次に紹介する３つのテストに合格しなければならないという結論に達した。

テスト１——力がつくまでの長い期間を生き残る

　最初で最も重要なテストは、トレードの初心者が十分な力をつけるまでの長い期間を生き残らなければならないということだ。トレーダーの失敗率は驚くほど高い。筆者は、トレードを始めたころに聞いた次の統計が今でも常に気になっている。

トレーダーの80%は、6カ月以内にやめるか失敗する。生き残った20%のうち、80%は5年以内にトレーダーをやめる。

　講師とコンサルタントとしての経験から、筆者はトレーダーの大部分が失敗する理由はトレーディングの過程を軽視していることにあると考えるようになった。彼らは、トレーディングは「簡単に儲かる」と見て、エッジの分析方法を理解したり利益率を確認したりしないまま、積極的にトレードし始める。筆者は世界各地でトレーダー向けの講演をするとき、マーケットがトレーダーのポートフォリオにいかに大きな損害を与えるかをぜひ重視するよう伝えることにしている。また、トレーディングが主な収入源であるかどうかにかかわらず、これをビジネスとして考えてほしいということも話す。しかし、現実には、これらの考え方が情報を持たない初心者ばかりの大衆にすぐに浸透していくことはめったにない。実際、彼らは筆者の話を聞いたその足で、「このシステムを買えば来週の木曜日までにお金も車も性的魅力も手に入る」などという触れ込みの講演を聞きに行ってしまう。そして、そのシステムを買い、大衆とともにトレードして大きな損失を出し、もがき苦しむことになる。それから4～6カ月たったころ、彼らは筆者の言葉の真の意味に気づき、電話をかけてくる。つまり、筆者のコンサルティングを受けに来たり、講演会を聞きにくる典型的な顧客は、それ以前にトレード資産の30～50%を失っている。
　もし最初のトレード資金が10万ドルあれば、それはトレードからの利益だけでも生活できる十分な額と言える。ところが、筆者を訪ねてくるとき彼らの手元には5万ドルしか残っていないため、たとえ筆者が彼らを世界一のトレーダーに変身させて、新しいスキルを駆使しても、家賃すら払うことができない。昨年、筆者が手助けしたトレーダーのなかで、素晴らしいスキルを身につけ、効率的なトレードができるようになったにもかかわらずマーケットを去った人が4人いた。ト

レーディングだけで生活するための十分な資本がないことが理由だった。彼らには、失敗の理由がスキルではなくタイミングだったことを理解してほしい。そして、できれば十分な資金を用意してから再びマーケットに戻り、身につけたスキルで成功を謳歌してほしい。

テスト2——安定したリターンを達成する

　最初のテストが単純に生き残りなら、次は安定性を考える。多くのトレーダーが安定したリターンを上げられないのは、彼らが常にもっと良いエッジを探しているからだ。今使っている戦略で何百ドルもの利益を上げられるのに、彼らは聖杯があると思い込み、それを探してむなしい試みを続けている。先述のとおり、トレーダーとしての収益力を上げるために必要なのは、トレードの頻度を上げることでも、トレードするマーケットの数を増やすことでもなく、受け入れるリスク額と採用している戦略の平均リスク・リワード・レシオを上げることだ。もし毎月安定して3ユニットの利益が出るトレード戦略があれば、単純にリスク額を2倍にするだけで毎月の利益も2倍になる。

　筆者が個人的に知っているキャリア20年以上のトレーダーは、みんな同じ方法で何十年もトレードを続けている。彼らは、それぞれが自分の性格に合って、利益も上がる戦略をいくつか持っていて、それらのエッジを最大限効率的に活用し、大きなポジションを建てることで、毎年7桁の収入を謳歌している。トレーディングは、チェスと非常によく似ている。最初に覚えるときは少し非理論的で複雑だが、ルールをマスターすると驚くほど単純で、しかも無限の戦略が考えられる。トレードもチェスも、ゲームを難しくしているのは盤や駒ではなく、挑もうとしたり、混乱させようとする相手の脳なのだ。

テスト3——柔軟性を学ぶ（変化を恐れないこと）

　トレーダーの進歩を阻む3つ目の要因は、かたくなな考えと行動だ。世界の金融市場は、金融商品の正しい価格を探し当てようとリアルタイムで交流するさまざまな経歴や文化を持つ人たちで構成されている。トレーダーにとって利益への道のりは遠くて精神的に辛いかもしれないが、安定して利益を上げる方法を見つければ、それは敬意と崇拝の対象になる。かたくななトレーダーは、一度自分のエッジを見つけると、それが機能する間は宗教的とも言えるほど厳格にルールを守るため、素晴らしい利益が継続する。しかし、マーケットは常にその性格や行動傾向を変えていくため、どんなエッジでもいつかはその効力を失う。マーケットが自分のエッジから離れてしまっても戦略を変えようとしないトレーダーは、儲かっていた期間に上げた利益の大部分を結局はマーケットに戻すことになる。3～5年間安定して利益を上げたあとで損失を出し、燃え尽きてやめてしまうトレーダーの多くには、このようなかたくなさと変化を恐れる傾向があると思う。

　マーケットの真のウィザードは、自分の行動を理解し、それによって何年にもわたり利益を上げることができる。戦略はマーケットから資金を取り出すためのツールでしかない。画家に絵筆を渡せば絵を描いてくれる。真の芸術家なら、チョークのかけらでも、鉛筆でも、最高級のペンキでも、美しいものを造り出すことができる。ツールは重要ではない。彼らの眼力と心が意欲をもたらし、価値を生み出すのだ。分析構造やトレードシステム学などに心が埋もれてしまってはいけない。心の目を磨いておけば、どのような戦略でも自分にふさわしければ、利益を引き出すことはできる。

自分の性格に合ったエッジを探す

　優れたトレーディング戦略の選択肢がたくさんあるなかで、必要なのは自分の性格に合ったエッジを見つけだすことだ。つもり売買ならば、素晴らしい潜在利益があるセットアップでも、ミスなくトレード計画を実行できなければ、エッジは理論的な確率でしかない。

　筆者は、トレーダーの心理を２つのタイプに分類できると思っている。１つ目のタイプ「Ａ」は神経質で追い詰められる性格だ。このグループは、特にウイップソウやドローダウンに対して弱く、常に防御的な気持ちになっている。また、トレードの成否に合わせて躁うつ病的になる傾向もある。このタイプは長期の時間枠のトレード戦略が苦手で、高勝率・低リスク・リワード・レシオのトレード戦略を使ったときが最も利益が上がる。筆者は、高リスク・リワード・レシオのトレーディング計画のほうがストレスが低く、潜在利益は高いと確信しているが、タイプ「Ａ」のトレーダーは効果的なポジショントレードがどうもうまくできない。彼らは、精神的安定を維持するため、早めに清算せずにはいられないからだ。

　筆者は、何年かかけてこのタイプのトレーダーに短い時間枠でのトレードと、独自に開発した逆張り戦略を勧めてきた。このようなタイプのトレーダーには、買われ過ぎと売られ過ぎのサイクルが常時展開していて日中何度か仕掛けポイントがあるFXや、株価株数先物や、ニュースに敏感な銘柄などが最適だと思う。筆者が信頼している高勝率・低リスク・リワード戦略の大部分は、マーケットが極端な状態のときに、いずれ平均まで戻ることを期待して仕掛けるようになっている。つまり、ウィップソウになる傾向が強い商品は、いらつきやすいトレーダーにとって優れたトレード対象となる。

図11.1 逆張りトレードの例

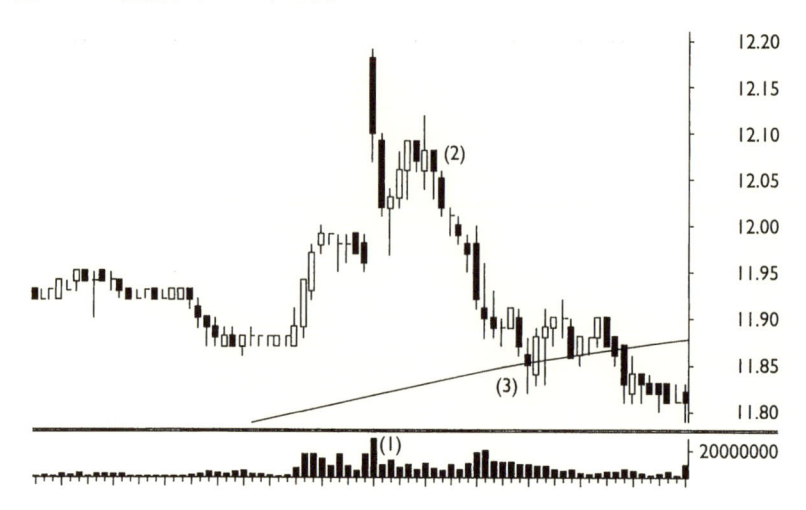

逆張りトレード

　図11.1は、株式市場における典型的な逆張りトレードの例を示している。ABC社は取引開始時間の前に決算発表を行ったため、ギャップで高く寄り付き、出来高も通常よりはるかに多くなった。極端な出来高を伴ってボラティリティが高くなると、大衆がトレードしていることが分かる。そして大衆がいると分かれば、あとは彼らの方向性を見極め、その反対にポジションを建てれば儲けることができる。もしこの朝の注文の流れを論理的に考えてみれば、これらの買い注文が予想を上回った決算発表に反射的に反応しただけだということが分かる。そして、このニュースによる買い注文がすべて満たされれば、マーケットは下落しておなじみの「エアポケット」に突入することが期待できる。

逆張りトレーダーの目的は、平均に向かう小さな反転をとらえることにある。**図11.1**を見ると、注文の流れと出来高が激しくて極端になっていることが分かる（１）。日中、一度天井ができるとマーケットは空売りトレードの潜在利益を正当化するのに十分な大きさのエアポケットを作り出す可能性が極めて高くなる。つまり、買い手の要求が満たされてしまうと、マーケットは安い高値の反転パターンを形成し、逆張りトレードのセットアップが整うのだ（２）。そこで空売りのポジションを建て、防御的ストップ注文を反転パターンの高値のすぐ上に置いておく。期待したエアポケットが本当に存在していたため、株価はすぐに崩壊して流動性のないエリアに突入した。200SMA（単純移動平均）の支持線を試すまでに要した時間はわずか60分で、それが手仕舞いのシグナルになった（３）。

　タイプ「Ａ」のトレーダーにとって、このようなトレードは利益をもたらすだけでなく、心理的需要も満たしてくれる。戦略がぴったりと合うことで、トレードが成功したときの満足感が増し、ペイバックサイクルで損失が出たときのストレスといらつきは減る。もちろん、これが現在のマーケットで最も効果的なエッジではないかもしれないが、タイプ「Ａ」のトレーダーは無理に長期の時間枠にすると感情面から来るミスが出る可能性が高いため、彼らのポートフォリオにはこれが最善のエッジだと思う。

　タイプ「Ａ」のトレーダーには、彼らの心理的特性に合うトレード戦略で安定した利益を達成する手助けをする一方で、彼らの内面にあるタイプ「Ｂ」を伸ばす試みも行っている。高勝率・低リスク・リワード・レシオのトレード戦略は確かに安心な「感じ」がするが、次章以降で述べるように、これらの戦略は劣っているし、ときにはマーケットに対する危険なアプローチにもなり得ると筆者は確信している。トレードではあまり緊張しないタイプのほうが長期的には大きな利益を手にできると思う。このようなタイプ「Ｂ」のトレーダーは、保有

しているポジションの価値が変動しても落ち着いてトレンドが成熟するのを待つことができる。筆者は、自分自身もこの「B」のタイプだと思っている。保有しているポジションが揺れ動いていても、利益目標に向かっていれば安心していられるからだ。もちろん、ペースが速い日中の逆張りトレードで利益を上げることもできるが、1日の取引が終わったときには疲れて燃え尽きてしまう。

1週間の価格動向を利用する

　筆者が採用している最も利益率の高いトレード計画のひとつは、週の価格動向を基にしたものだ。これらの銘柄はたいてい仕掛けてすぐに利益が出たあと、天井を打って激しく調整する。このトレードは、半分以上がトントンのポイントよりもはるか下まで下げてからはっきりと底を打ち、本格的な上昇が始まる。

　大部分のトレーダーは、これらのトレードがもたらす脅迫感を楽にやり過ごすことができない。もしトレード口座が5％の利益、3％の損失、15％の利益と推移すれば、多くのトレーダーはいらついてしまう。筆者がこのパターンをストレスなくしてトレードできるのは、筆者の性格によるところが大きいと思う。リサーチの結果、この長期トレンドを利用したトレードのリスク・リワード・レシオが非常に高いことは分かっているため、筆者はポジションを何が何でも保有し続けるつもりだ。そのうちのいくつかはかなりの利益を上げたあと、ストップの水準まで下落してしまうが、筆者のエッジを正しく分析すれば、このようなトレードを1年間に20回実行すれば、必ず努力に見合う大きな利益を生み出してくれる。このエッジは数学的に見れば圧倒的に筆者に有利なため、その潜在利益を考えれば心理的な不快感に耐える価値は十分ある。タイプ「A」のトレーダーは常に忙しくしていたいという気持ちがあるが、筆者にとって至福の戦略は、1カ月に一度シ

グナルを出してくれれば良い。チャンスがあるときは、パソコンがアラームを鳴らしてくれるようにしておけば、それ以外のときはマーケットを無視して過ごすことができる。

　忍耐があって、長期の時間枠でトレードしているトレーダーは、低勝率・高リスク・リワード・レシオのトレード戦略をぜひ検討してほしい。例えば、複数の時間枠で分析して、デイトレードのセットアップで仕掛け、それを日足チャートの方向性を見ながら数日間保有するというトレードがある。このタイプの戦略は、勝率という点ではあまり高くないが、トレンドが予想どおりに展開したら、実際のリスク・リワード・レシオは驚くほど高くなる。

複数の時間枠のトレンド

　図11.2は、ユーロと米ドルを複数の時間枠のトレンドを使ってトレードしたときのチャートだ。この日足チャートを見ると、1カ月以上上昇トレンドが続いていることが分かる。米ドルは1.3700ユーロ付近で天井を打つと、調整に入り、20日平滑移動平均（20EMA）の支持線を試すところまで下げた（1）。先述のとおり、20EMAは支持線と抵抗線が交差するところで、たくさんのトレーダーたちが仕掛けたり手仕舞ったりする。買い圧力がマーケットを襲うことが分かっているため、筆者は短い時間枠の日中チャートに戻して、マーケットが極めて小さなリスクの反転シグナルを形成することを願った。

　もしそうなれば、長期のエクスポージャーをとって3～5日間の上昇をとらえるチャンスがあることは分かっている。また、ドルがさらに上昇して1.3700ユーロ近くの高値を試せば、125ピップス以上の利益を手に入れることができる。筆者は、15分足のチャートを開き、仕掛けたあとの動きを追い始めた。すると、速さも激しさもないが、マーケットが少しずつ下がり始めた（図11.3参照）。そして、安値にで

図11.2　複数の時間枠のトレンドを使ったトレードの例

きたベースが数時間続き、それから急落して1.3550ユーロを下抜けた（１）。この投げが、明らかにブル派が待っていたきっかけであることは、次の30分で買いが突出してマーケットが急上昇したことから分かる。この買いによる急騰は抵抗線エリア（２）に達すると、すぐに力尽きた（一度ブレイクされた以前の支持線が試されると、抵抗線に変わる）。そして、抵抗線を試してから何分か経過すると、ドルは崩壊して先の急騰でできたエアポケットに突入した。

　このトレードの最初の仕掛けポイントは、1.3555ユーロの水準で、筆者はストップ注文を1.3545ユーロの安値の少し下に置いた。もちろん、このトレードは10ピップスの損切りになった。これが低勝率・高リスク・リワード・レシオのトレードだということが分かってもらえたと思う。

　しかし、２つ目の仕掛けが運よく「当たり」で、マーケットは本格

図11.3

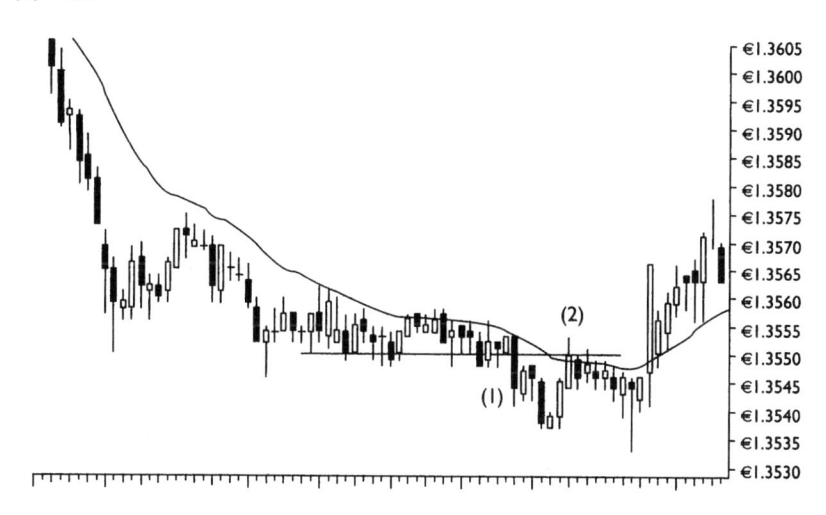

的に反転した。このトレードは、約75ピップスの利益を上げたあとで天井を一瞬だけ「素早く」超えた形になって、手仕舞いのシグナルを出した。最初のリスクが15ピップスだったため、結局リスク・リワード・レシオは5対1近くになった。1000ドルのリスクをとれば、約5000ドルの利益が上がるということだ。筆者は、このような数字を、毎月の貸借対照表に計上したいと思っている。高リスク・リワード・レシオのトレードがポートフォリオにもたらす収益力については、いくら強調してもし足りない。

　ある戦略は、100回のトレードにつき66回負けて34回勝つとする。すると、1トレード当たり1000ドルのリスクをとれば、100回のトレードで、トレード口座の残高は6万6000ドルの損失を出

> す。しかし、勝ちトレードは毎回2000ドルの利益を生むため、利益の総額は６万8000ドルになる。結局、100回のトレードの純利益は2000ドルで、リスク・リワード・レシオが２対１のトレード戦略が統計的にトントンになるのは約34％だということが証明された。

　しかし、もし平均リスク・リワード・レシオが３対１に近ければどうだろう。仮に、100回トレードしたら75回負けて25回勝つとすると、１トレード当たりのリスク額が1000ドルなら、損失の合計は７万5000ドルになる。しかし、25回の勝ちトレードは毎回最低でも3000ドル、合計で７万5000ドルの利益を生み出している。この場合、100回トレードしても純利益は０ドルとなり、リスク・リワード・レシオが３対１のトレード戦略が統計的にトントンになる勝率は25％だということが分かる。平均リスク・リワード・レシオが十分大きければ、低い勝率でも簡単にトントンにすることができることが分かってもらえただろうか。ほとんどのトレーダーは勝率を上げることに膨大な時間と労力を費やしているが、その代わりに平均リスク・リワード・レシオを上げる方法を探すほうがはるかに役に立つ。

高いリスク・リワード・レシオ

　情報を持たないトレーダーが勝率にこだわる理由はよく分かる。マーケットの予想が当たれば満足感があるし、金融メディアは注目情報や人気の投資先などに過剰に偏った報道ばかりしている。しかし、これには理由がある。金融メディアの目的は視聴者や読者を引きつけることであり、利益率やリターンはセールスポイントにはなっても、最大の動機や目的ではない。ひとりでトレードしていると、予想が当た

ったかどうかなどマーケットとはまったく関係ないということをつい忘れてしまう。しかし、利益率を決めるのはエッジの数学的裏づけだけで、エッジを改善する方法を探すことのみがマーケットにおける利益率を高めてくれる。

どの国でも、筆者の講習会に新しく入る生徒の多くはどのようにして利益を増やすかではなく、「どうしたらもっと良い投資先を選べるか」を習おうと期待している。そのため、筆者が教える戦略の多くは勝率が低いことが分かると、ショックを受けたり残念がったりする。彼らは最初、少しだまされたような気分になるが、話が高リスク・リワード・レシオという福音について展開していくと活気づいてくる。

本書をここまで読み、勝率に関する記述について多少懐疑的になったり、あからさまに不快に思った読者もいると思う。ここでいくつかのトレード戦略のエッジを裏付ける数字について見てほしい。この項を読み終えるころには、勝率に関する考えが大きく変わっていると筆者は確信している。

何年も前の、まだトレーダーとしてのスキルを学んでいるころ、筆者は株のトレードにストキャスティクスを使い始めた。当時、この初めて使う指標が買われ過ぎや売られ過ぎを教えてくれることにずいぶん興奮したのを覚えている。使い始めて数週間後、筆者はこのオシレーターを使った利益率の高いトレード戦略を考案した。そして、毎日マーケットで条件の合うトレードを探し、ストキャスティクスが高くなって仕掛けシグナルを出すのをわくわくしながら待った。結局、このトレードの勝率は48％、1ドルのリスクに対する平均利益は1.5ドルになった。

この戦略のエッジを100回のサンプルトレードで分析してみよう（金額はすべて1株当たりの数字）。

勝ちトレード48回×1.5ドル＝合計利益72ドル

負けトレード52回×1ドル＝合計損失52ドル

72ドル－52ドル＝純利益20ドル

20ドル÷トレード数100回＝1トレード当たりの期待利益0.20ドル

　筆者は、このトレード戦略を使ってかなりの利益を上げていたが、あるとき驚くべきことに気づいた。シグナルの出ないトレード候補は、シグナルの出るものよりも常に8分の3ポイント（1株当たり37.5セント）低かったのだ。そこで、トレード記録を取り出して、仕掛けの「セットアップ」に達しなかった候補がどれほどあるかを調べてみた。もし条件に合うパターンが見つかり次第仕掛けていったら、勝率はどのくらい下がるのかが気になったからだ。自分のエッジを別の要素、つまり派生的な新しい戦略としてではなく、新たな観点で分析するのはこれが初めてだった。そして、これが筆者のエッジアナリストとしてのスタートになった。筆者は、この経験がトレーダーとして成長する過程で転換点になったと思っている。

　筆者の調査によると、100トレード中ほぼ10回はトレード候補なのに仕掛けのセットアップに達しなくてシグナルが出ていなかった。これは、勝率の落ち方としては許容範囲に思えたため、筆者は仕掛けの戦略を変えるとどの程度利益率が変わるかも分析してみた。戦略を変えれば、勝ちトレードの利益が8分の3ポイント（1株当たり37.5セント）増えるだけでなく、負けトレードの損失も8分の3ポイント減るからだ。この変更の唯一のデメリットは、100回中仕掛けられなかった10回のトレードが負けトレードに終わることだった。しかし、2つの仕掛け戦略のエッジの違いを計算してみると、非常に満足のいく結果が出た。筆者は、勝率が38％まで下がると思っていたが、この38回が平均1と8分の7ポイント（1株当たり1.875％）の利益を上げ、前の利益である1.5ドルから25％も増えていたのだ。さらに驚いたのは、62回の負けトレードの1回当たりのコストが、以前の1ド

から0.63ドルに下がっていたことだった。つまり、前の戦略のリスク・リワード・レシオは1.5対1だったのが、変更後は3対1（平均利益1.875÷平均損失0.625＝3対1）になっていたのだ。

　仕掛け戦略の簡単な変更が利益率に与えた効果を、同じ100回のトレードを使って検証してみよう。

　勝ちトレード38回×1.875ドル＝合計利益71.25ドル
　負けトレード62回×0.625ドル＝合計損失38.75ドル
　71.25ドル－38.75ドル＝純利益32.50ドル
　32.50ドル÷トレード数100回＝1トレード当たりの期待利益0.325ドル

　つまり、単純に条件が整えば仕掛けるように変えただけで、期待利益は60％以上増えたことになる。また、この方法にすると、トレードに費やす時間が減ったうえ、利益はずっと高くなった。唯一の犠牲は心理的なもので、トレードするたびにそのうちの62％はストップに引っかかってコストがかかることが分かっていることだった。しかし、勝ちトレードになるのはわずか38％しかなくても劇的に上昇した利益率が、傷ついたかもしれないエゴを和らげてくれた。

　筆者はトレードを始めて比較的早い時期にこのことを学んだため、ほかのトレーダーも勝率がひどく過大評価されているパラメーターだということに気づいていると思っていた。しかし、エッジコンサルタントを開業してみると、プロのトレーダーを含めて顧客の大部分がリスク・リワード・レシオではなく、勝率を上げる方法を探し続けていることにとても驚いた。

勝率はひどく過大評価されている

ここで、次のようなシナリオを想像してほしい。小規模のヘッジファンドがパフォーマンスの向上を期待して、彼らのトレードプログラムの検証を依頼してきたとする。そこで、筆者は直近の四半期のトレード結果を見せてもらい、基本的なエッジを計算してみた。すると、このファンドもほかの多くの同業者と同様に、高勝率・低リスク・リワード・レシオ戦略を使っていることが分かった。このファンドの戦略は、前四半期に280回の勝ちトレードと113回の負けトレードを生み出していた。結局、71％という高勝率によって、1トレード当たりの平均利益はわずか0.8ユニットしかないのに（1000ドルのリスクに対して800ドルの利益しかないということ）、一貫して利益は出ていたのだ。

彼らの基本的なエッジは次のような数字だった。

前四半期のトレード数は393回
勝ちトレード280回×0.8ユニット＝合計利益224ユニット
負けトレード113回×1ユニット＝合計損失113ユニット
224ユニット－113ユニット＝四半期の純利益111ユニット
111ユニット÷トレード数393回＝1トレード当たりの期待利益0.282ユニット

このファンドを手助けできることが分かった筆者は、まず彼らのトレードシステムについて聞いてみた。詳細は言えないということだったが、日々の価格動向に独自に開発したいくつかの指標を当てはめてトレードしていることは明かしてくれた。彼らは毎日、取引終了後に独自のアルゴリズムを使って従来からあるブレイクアウトのセットアップに見合うトレードを翌日に向けて仕掛けていた。価格が前日の高

値をブレイクしたら仕掛け、同じ足の安値の下に防御的ストップを置くという手法だ。

数多くのトレードシステムがこの会社と同じポイント、つまり前日の高値や安値付近で仕掛けや手仕舞いのシグナルを出すため、筆者は彼らが通常どのくらいのスリッページに見舞われているかが気になった（スリッページは、買いたい価格と実際に執行された価格の差）。この質問をすると、彼らは少し防御的な姿勢を見せたため、恐らくこれは彼らにとって痛いところを突いた質問だったのだろう。しかし、これは驚くことではない。実は、大衆が必ず仕掛けるポイントがあるとすれば、それは前日の高値をブレイクアウトしたところで、周知のとおり大衆は必ず負ける。つまり、このポイントで買うのは最善策ではないということなのだ。

筆者は、かつて行ったストキャスティックスのトレードを思い出しながら、彼らにトレード候補のなかで実際に仕掛けられないものが100回中いくつあるかを尋ねた。すると、かなり少ないという答えが返ってきた。そこで、彼らに前四半期のトレード候補をすべて仕掛けたらどうなっていたかを分析するよう依頼した。実は、取引時間が始まって最初の5分間は非常に流動性が高いため、スリッページはほとんどない。そのうえ、論理的に考えれば、条件に合うトレードの翌日の展開は3通りしかない。1つ目は安く始まったあと上昇して前日の高値を超え、買いのポイントに達する、2つ目は下げて始まり、仕掛けポイントまで上がる勢いがまったくない、3つ目はギャップアップで始まって、寄り付きで仕掛けポイントに達する——のどれかだ。最初の2つのシナリオでは寄り付きで仕掛ければ、高値が付くまで待つより安く買える。そして、3つ目の寄り付きでギャップアップすれば、どちらの戦略でも仕掛けポイントは同じになる。つまり、本当の問題は寄り付きで仕掛けた場合、勝ちトレードが十分な利益を上げると同時に、避けられない勝率の低下を相殺できるくらい損失が減らせるか

どうかということなのだ。

　このファンドでは、会計部門に２つの戦略のモデル作成を指示し、われわれは昼食に出かけた。食事から戻ると、すでにデータはそろっていて、寄り付きで仕掛ける戦略では、勝ちトレードが263回、負けトレードが130回になっていた。しかし、懸念していた勝率の低下（71％から66％）は、潜在利益の増加と比べればほんのわずかだった。ポイント数で見た平均利益が大きく上昇したわけではないが、平均損失（寄り付きで仕掛けることで若干下がっている）と比較するとリスク・リワード・レシオは1.1対１になっていたのだ。

　その結果、前四半期のパフォーマンスは次のように変化することが分かった。

　前四半期のトレード数は393回
　勝ちトレード263回×1.1ユニット＝合計利益289.3ユニット
　負けトレード130回×１ユニット＝合計損失130ユニット
　289.3ユニット－130ユニット＝四半期の純利益159.3ユニット
　159.3ユニット÷トレード数393回＝１トレード当たりの期待利益0.405ユニット

　トレード計画のほんのひとつの要素を変えただけで、このファンドの前四半期の利益は40％も増えていたことになる（111ユニットから159ユニットに増加）。もし彼らが１トレード当たり４分の１％のリスクをとっているとすれば、価格が仕掛けポイントに達するのを確認するまで待つ間、前四半期には12％というとてつもなく大きなコストが掛かっていたことになる。これは心理的な安心のためのコストとしてはものすごく大きな金額だが、確認を要求したりマーケットリスクをヘッジすることは、実はこのコストを払うのと同じことだと主張したい。マーケットは「不快な」セットアップのなかでトレードできる者

だけに利益を与えるのだと、筆者は確信している。

「安全」なトレードも失敗することがある

　「安全」な感じがするトレードを実行すると、結局は少ない利益にしかならないか、目の前で吹っ飛んで終わることになる。だれでも損失を出したり、マーケットで痛い目に遭ったりしたくはないため、大衆は安全または安心だという錯覚を与えてくれるトレードスタイルに自然と集まってくる。いくつかの例を挙げておこう。

LTCM

　思いつくなかで最も分かりやすい例が、LTCM（ロング・ターム・キャピタル・マネジメント）の破綻だろう。今や伝説となったヘッジファンドは、1994年に10億ドル以上の投資家の資本を集めてスタートした。ソロモン・ブラザーズの債券トレードの責任者、ハーバード大学やMITの博士、そして1997年にノーベル経済学賞を受賞した2人の学者などを擁する業界屈指の頭脳集団だった。
　LTCMのトレード戦略は債券の価格差に注目し、債券価格を算出する数学モデルを使ってアービトラージのチャンスを狙うことだったと筆者は理解している。基本的にはある債券を買う一方で、別のところである債券を空売りしてその価格差で儲けようという戦略だった。このタイプのトレードの利益は非常に小さかったが、彼らの戦略は数学的に「ほぼ確実」とみなされていた。これは究極の高勝率トレードと言ってよいだろう。先の分析から分かるとおり、高勝率トレードのモデルには、極めて低いリスク・リワード・レシオが隠されている。それはLTCMも例外ではなく、4年間安定的に30％以上のリターンを上げたあとで、高勝率・低リスク・リワード・レシオモデルの損失の

ほうを経験することになった。ファンドは4カ月弱で46億ドルの損失を出し、静かに消えていった。

　筆者は、気が利いたトレードアイデアでも長期間機能し続けることはない究極の例として、いつもLTCMを使っている。考えてもみてほしい。たくさんの経済学者やノーベル賞受賞者が構築した複雑な数学モデルで、ほぼ確実にアービトラージの利益が上がると言われれば、それ以上安心なことがあるだろうか。運用を始めてもいないときからウォール街の資金を10億ドル以上集めたのも不思議ではない。

アマランス・アドバイザーズ

　アマランスも華々しく破綻したアメリカ系ヘッジファンドだ。このファンドは、エネルギー担当のヘッドトレーダーが天然ガスのブル相場で2005年に莫大な利益を上げた。しかし、2006年9月末に、このトレーダーは8対1のレバレッジを掛けてスプレッドトレードを行った。天然ガスの先物価格の3月限と4月限の差が広がることに賭けたトレードだった。

　しかし、差は広がらなかった。

　結局、価格差は激しく逆方向に動いたため、アマランス・アドバイザーズはわずか1週間で約65億ドルの損失を出した。アマランスの失敗は、ヘッジファンドとしては史上最大の崩壊劇となった。

ビクター・ニーダホッファ

　最後に、ヘッジファンドマネジャーのビクター・ニーダホッファの話もしておこう。彼は、著書の『実践的スペキュレーション──失敗と成功の戦略』(現代書林)によって、広くその名を知られるようになった。ニーダホッファの転落の原因は(もう分かったと思うが)高

勝率・低リスク・リワード・レシオのトレード戦略だった。1997年に、彼はS&P500の指数オプションを大量に売った。当然ながら、オプションの買い手に権利はあるが、特定の時期に特定の価格で売る義務はない。

　ラスベガスでスポーツ賭博を仕切るノミ屋と同様、オプション市場でも満期前に権利が行使される可能性に基づいてオプションの価値は決まる。ニーダホッファがプットオプションを売ったとき、マーケットは上昇トレンドにあり、株価が大幅に急落してこのオプションが行使される可能性は極めて小さかった。つまり、彼が行っていたのは、小さな利益を得られる可能性が非常に大きいトレードだった。しかし、どれほど高勝率・低リスク・リワード・レシオのトレード戦略だったとしても、彼の場合はレバレッジが大きすぎ、リスク・リワード・レシオは小さすぎた。

　ニーダホッファが長年、このトレード戦略で何百回もトレードして毎回利益を上げてきたのは間違いないだろう。しかし、1997年10月27日、マーケットは１日で7.7％という史上最大の下げ幅を記録した。そして、たった１回の最悪の日に、彼は自分のヘッジファンドや個人資金、保有していたポジションなど、すべてを失った。そのあと彼はファンドを閉鎖し、借金をして自宅を抵当に入れ、素晴らしい銀貨のコレクションも売却した。かなり余裕のあった資金が文字どおり一夜にしてすべて消滅してしまうことがどれほどショックなことかは、とても説明しきれない。

　これまで見てきたトレーダーたちはみんな、自分の信じるマーケットの方向性に基づいて、膨大な金額をリスクにさらしていた。彼らは自分の分析の正しさと、マーケットがその方向に動いて自分のポジションが大きな恩恵を受けることを確信していた。これを筆者のトレードスタイルと比較してほしい。低勝率・高リスク・リワード・レシオのモデルを使っていると、ときどきある勝ちトレードはうれしい驚き

に感じる。筆者にはトレードを仕掛けるとき、それが失敗して防御的ストップが執行される可能性が高いことが十分分かっている。負けることが予想できているトレードの場合、最大の関心事は資本の損失を最低限に抑えつつ、利益の可能性を維持していくことになる。基本的に負けトレードになると思っている筆者にとって、損失に対する心理的な痛みはほとんどない。それよりも、これらの損失はいつかトレンドが大きく反転した場合の備えだというプライドを持って、これらの損失を受け入れている。

為替市場の魅力

　最近、筆者はユーロドルのポジションを保有していた。このマーケットは降伏するサインを出していたため（**図11.4参照**）、日中に形成されつつある底が（１）、この通貨の「本当の底」になった場合に備えて筆者は長期のエクスポージャーをとっていた。しかしそうはならず、筆者のストップ注文がすぐに執行されて10ピップスの損失が出た。翌朝、ダブルボトムの反転パターンが形成されたため、筆者は再びエクスポージャーを増やしてさらに大きな反転を待った（２）。

　幸運にも、今度は筆者が当たりくじを引いた。ユーロがこれまでの報復とばかりに反転し、上方に加速していくのはうれしい驚きだった。チャートを見ると分かるとおり、ダブルトップが形成されたので、筆者は天井に合わせて利食った（３）。このポジションは３日間保有していたが、保有している間はいつも翌日になればストップ注文が執行されるだろうと思っていた。ところが、実際には朝起きるとうれしいことに含み益が増えていた。そして、このトレードを手仕舞ったとき、利益は８対１以上になっていた。

　ここで、８対１のトレード戦略で100回トレードした場合、トントンになるポイントを算出してみよう。

図11.4

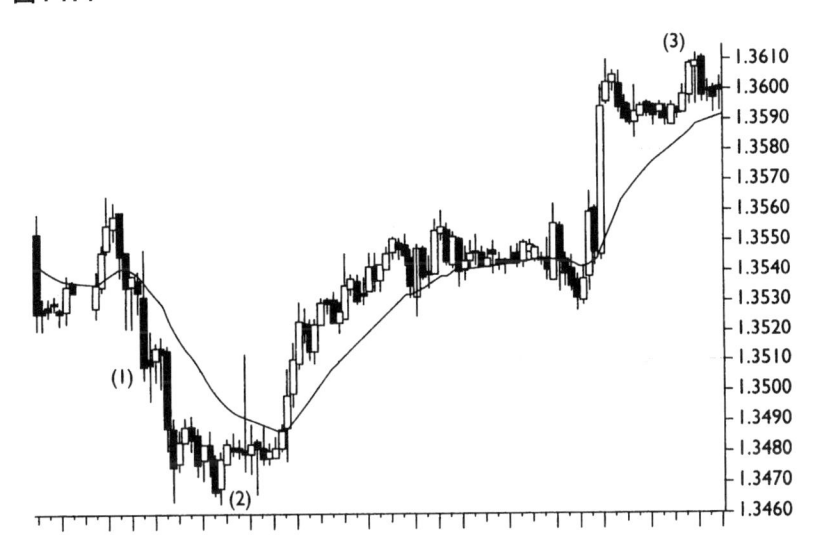

負けトレード88回で合計損失が88ユニット
　88×1＝88
勝ちトレード12回で合計利益が96ユニット
　12×8＝96
純利益は8ユニット
　96－88＝8

リスク・リワード・レシオの数字がこれほどまで有利ならば、どうしてマーケットを恐れる必要があるだろう。利益を上げるために毎回勝つ必要はなく、ときどき正しいトレードができれば大きく儲けることができる。そして、このスタイルの戦略ならば、破産するリスクはないと筆者は確信している。筆者がトレーダーとして経験した最悪のコントロールによる損失は、オーバーナイトで不利な方向に窓を空け

た銘柄だった。このときは、日中反転したことからポジションを建て、特に重要だと思う支持線の下にストップを置いていた。ところが、夜の間に悪いニュースがあり、この銘柄は翌朝大きなギャップダウンで始まった。

　このとき、筆者はストップ注文を出してあとはブローカーに任せていたため、この注文は翌朝の寄り付きで執行されて4単位の損失になった。1000ドルの想定リスクに対して4000ドルの実損が出たということだ。しかし、このトレーダー人生最悪の損失も、「ちょっとした利益が出た」5対1のトレードの利益よりも少なくてすんでいる。この程度のドローダウンなら1回か2回の勝ちトレードがあれば回復して新たな最高額を目指すことができる。これこそが本当のリスク管理であり、だからこそ毎晩ぐっすりと眠ることができている。

　筆者は、FXトレードのプログラムのなかで1カ月の最大損失額を決め、毎月トレード口座の残高がその額になるように調整しておく。そうすれば、リスクにさらしている金額がすぐ分かるため、破産の恐怖を楽しみながら恐れず積極的にトレードすることができる。また、この方法なら残高のすべてを失ってもよいため、毎月のリターン率は驚異的な数字になることもある（50～100％になることも珍しくない）。小さな口座を開設して、それを大きく育てられることもFX市場の大きな魅力のひとつだと思う。

　筆者は、FXトレードのニュースレーターを創刊したときにトレード口座に1000ドル入金し、それから16週間、トレードを公開しながら毎週平均10％ずつ増やしていったことがある。この口座は、最高時には7000ドルを超え、魅力的な投機の短期的な収益力を見せつけてくれた。

　ある目標を目指してトレードするとき、筆者は高利回りのトレンドを利用した強烈なリスク・リワード・レシオの可能性がある方法を集中的に使う。そして、トレードごとに可能なかぎり最大のリスクをと

り、損益が確定するたびにポジションサイズを計算し直す。筆者の低勝率・高リスク・リワード・レシオでは連敗が続いたあと爆発的な利益が出ることがあるため、トレード口座の残高が激しく変動することは覚悟している。このやり方だと、勝ちトレードがどの程度大きくなるかは分かっていないため、ゴール達成までにどの

インサイダーのアドバイス

　筆者は、このリスク第一のアプローチを、パフォーマンス目標にも適用している。特定のトレード戦略で許容できる損失の絶対額かトレード口座の残高の割合を決めておいてから、トレードを始めるのだ。通常、この方法は頭の中で口座を分け、事前に決めたリスクレベルに達したらトレードを中断するという規律を持つことを意味している。しかし、株の取引では、資本額が自己資本の重要な一部になることがある。すると、さらに防御的なリスク管理が必要になり、口座のリターンはずっと低くなる。筆者がFX市場を好む理由のひとつは、自己資本率が低くて良いことと、バカバカしいほど高いレバレッジが掛けられることにある。実際、200対1とか300対1というようなレバレッジを勧める会社もあり、FXトレードなら文字どおりトレード口座全額、またはその一部を1つのトレードに賭けることも可能なのだ。

くらいの期間を要するか正確には分からない。もしマーケットのトレンドが有利に展開すれば2～3週間ですむかもしれないし、混沌としてちゃぶついた展開ならば仕掛けるチャンスがあまりなくて長くかかるかもしれない。ただ、本書で紹介した作戦が、実際のマーケットで使えることを示すこのようなチャレンジを、筆者は心から楽しんでいる。

第12章

Hiring a Money Manager

マネーマネジャーを雇う

ときには、投資しなかったことが最高の投資になる場合もある。
　　　　　　　　　　　　　　　　　　　——ドナルド・トランプ

　トレーディングは難しい仕事で、だれにでも向いているわけではない。うまくトレードするためには、まず学びの段階でこの仕事が自分のライフスタイルや、性格や、家族環境に合うかどうかを見極めることがとても重要になる。ただ、もしトレードの利益が自分の生活にもたらすストレスに見合わないと思っても絶望する必要はない。これまで学んだことはすべて、資産運用業界が提供するサービスの価値を効果的に分析する役に立つからだ。

　マーケットでどのようにして利益が生まれるかを理解しておけば、次々とやってくる資産運用会社の勧誘に対して非常に強い立場をとることができる。将来のマネーマネジャー候補には、トレード計画を構築するときに自問するのと同じやっかいな質問をぶつける必要があるからだ。

　リスクマネジメント戦略について話を聞いていると、相手の反応から彼らの経験やマーケットに関する理解の程度が非常によく分かる。先述のとおり、ミレニアム後の金融業界は、暴落に次ぐ暴落に見舞われた。エンロンやワールドコムの不正会計から大手投資信託の悲惨なリターン、ロングターム・キャピタル・マネジメントやアマランス・アドバイザーズの完全崩壊まで、どれも投資家が引退を撤回せざるを得なくなる可能性を秘めている。マネーマネジャーを雇うということ

は、その人に自分の純資産の大部分の管理を任せるということをぜひ覚えておいてほしい。

これまで、トレーディングをリスク資本がかかわる趣味や仕事として述べてきた。このような口座の場合、資金をリスクにさらすときはもちろん慎重に行わなければならないが、もし残高が０になったとしても自分のライフスタイルや、住宅ローンや、引退後の生活に大きな影響が出ることはない。ただ、それでもマーケットが与え得るダメージの大きさを考慮し、自分や投資顧問が適性だとみなすリスクのみに資本を投入することは非常に重要だ。失うわけにはいかない資金を投機的なトレードプログラムにつぎ込んでしまうのは、愚か者でしかない。

一方、マネーマネジャーが管理するのは失うわけにはいかない資金である可能性が高いため、トレード計画を立てるときにはリスクマネジメントと資産配分が重要な課題になる。責任あるマネーマネジャーの最大の目的は、資本を維持することだ。それには、さまざまな資産クラスのエクスポージャーを取り混ぜて保有することが正しい資産配分と同じくらい重要で、そうすることが資産曲線のボラティリティを緩和してくれる。リターンに相関性のないさまざまな資産クラスに投資しておくことで、引退するまでにはそのあと安心して生活できる十分な資金が貯まっている可能性が高まる。短い期間でも自己資金でトレードした経験があれば、これがどれほど難しい仕事かは分かるだろう。

S&P500の年間リターンを超える投資信託は４つに１つしかないことも驚くには値しない。簡単に言えば、選んだ投資信託や投資顧問が主要なマーケット指標を下回る可能性は75％にも上るということだ。ところが、世の中にはなぜか信託を構成する個別銘柄数よりも多い数の投資信託が売られている。この答えは、ファイナンシャルプランナーや年金アドバイザーの多くが採用している報酬体系を見れば分かる。

例によって、大衆は投資に関しては最も情報がない状態で行動し、その過程でエッジも台無しにしてしまう。例えば、情報を持たない平均的な投資家は、1株当たり2分の1セントでトレードできることを知ると、昔から付き合いのあるブローカーを解約してしまう。この投資家は、それまで支払っていた75ドルの手数料にはトレードだけでなく、マーケットにおけるスキルと経験も含まれていることが分かっていない。

ディスカウントブローカーのトレード手数料はたった3ドルかもしれないが、十分な競争力があるという保証はどこにあるのだろう。経験のあるブローカーは注文を執行するスキルを持っていて、流動性の低いマーケットでは0.10～0.25ドルほど有利な価格で執行してくれる場合もある。これは1000株なら100～250ドルの差になる。それにプロとしての助言はどうだろう。われわれは、大衆が常に最悪の投資判断を下すことを知っている。しかし、ブローカーにその気があれば、一般投資家の典型的な行動である高揚期に長期の仕掛けや、降伏期に向かう時期のパニック売りなどを避けるよう助言することもできる。

最近は、マネジメントの手数料も劇的に安くなっている。手数料が減ると、ファイナンシャルプランナーは収入を確保するため、取引先からの手数料やボーナスにますます頼るようになる。この利害の対立は、大衆の無知によって引き起こされている。需要と供給は、地球上で最も強い力だが、もし供給源のひとつが制限されれば、必ずどこかに新しい道が開ける。われわれは成人すれば生計を立てるために多くの時間を費やすが、税金、住宅費、交通費、そのほかの生活費を支払うと、たいていの人はほんのわずかしか貯金には回せない。しかし、普通預金の残高は健康と同様に、人生終盤の生活水準に大きな影響を及ぼす。だれでも健康を維持し改善するために多大な努力を払うのに、必死に稼いだお金はセールストークに乗せられて簡単に悪徳ブローカーへと渡ってしまっている。

お金の管理を任せるマネーマネジャーは、医者や弁護士を選ぶのと同様、必ず注意深く選んでほしい。このマネジャーが、将来の投資を大きく左右することになるため、その人との関係は信頼と経験と敬意の上に成り立っていなければならない。投資家の多くがこの人生に深くかかわる決断を簡単に下してしまうことに、筆者はいつも驚いている。

ファイナンシャルプランナーに聞くべきこと

　成功したトレーダーやマネーマネジャーと仕事をしてきた経験から、自分の資産を任せるマネジャーには、次の５つの質問に対して満足のいく答えを持っている人を選ぶべきだと筆者は考えている。

１．ポジションごとのリスク管理をどうしているか

　安定したパフォーマンスの決め手となる第一の要因はリスク管理だ。有能なマネーマネジャーは投資をする前に、不利な展開になって下落した場合を考慮して手仕舞いの計画を立てておく。１銘柄で50％、70％、90％の損失が出ることもあるマーケットでは、負けトレードのダメージを管理することが破産しない唯一の方法になる。投資家は、けっして資産の50％の損失を出してはいけない。適切なリスク管理計画を用意しておけば、このように破滅的な水準までダメージが広がる前に必ず手仕舞うことができる。
　そしてもうひとつ、すべてのポジションのリスクが一貫しているかどうかも聞いてほしい。どのマーケットでも損失と利益のバランスがとれていることは不可欠で、あるポジションで1000ドルの利益を出しても、別のポジションで3000ドルの損失を出せば、それは破綻のレシピでしかない。損失はこの世界を構成する一部であり、問題はそれが

起こるかどうかではなく、いかにしてポートフォリオ内で相殺するかだ。マネーマネジャーには、すべてのポジションのリスクをバランスよく保つためにどのような作戦を用いているかを説明できる人が望ましい。

2．どのようにして、未実現利益を本当の利益として実現するか

　マーケットが上昇して大きな未実現利益が出たと思ったら、急落してその利益が消滅してしまったことはないだろうか。マーケットは、売られ過ぎと買われ過ぎ、割安と割高、安い時期と高い時期など、常にサイクルを巡っている。上昇局面で利益が出たとしても、そのときはほかのマーケット参加者も利益を得ている。もし株価がその価値に見合う水準に達していれば、みんなが利食いを始めることによって、売り圧力がその銘柄が耐えられる限界を超えてしまうケースがよくある。マネーマネジャーは、トレードの失敗に備えて計画を立てておかなければならないのと同様に、うまくいった場合の判断の下し方も計画しておかなければならない。適切な目標価格を設定して、株価がそこに達したら利益を実現できるようにしておかなければならないということだ。

　マネジャーのトレード計画の詳細までは分からなくても、話を聞けばこの分野をどこまでマスターしているかは分かる。マネーマネジャーとして成功するためには、トレード計画が最も大事で、それを欠かすことはできない。計画に関する考えと基本構造について十分話し合いができないマネジャーでは困る。

3．平均ドローダウンをどの程度と予想しているか

　リターンは、とったリスクと常にかかわっている。たくさんリスクをとれば、成功したときにはリターンも大きくなり、失敗すれば損失が大きくなる。これまで経験したドローダウンの大きさや連敗の回数を聞けば、このマネジャーがどの程度のリスクまでとるつもりかが分かる。もし1万ドルの資金が1年後に2万ドルに増えれば、それは良い。しかし、その途中で資金が5000ドルに下がったことがあったとしたらどうだろうか。この資金の変動は自分にとって許容できる範囲にあるのだろうか。一部のマネジャーは、セールストークに使えるような大きな利益を上げるため、必要以上のリスクをとろうとする。大事なお金がそのような扱いを受けないためには、ドローダウンを小さく抑えるよう管理してきたマネーマネジャーを探してほしい。安定は安定を生む。良いトレーディングはとても退屈なものだが、ここは「ゆっくりでも着実な者が最後には勝つ」というマネジメントスタイルの人を選ぶのが最善策と言える。

4．報酬体系はパフォーマンスを基本としているか

　不測の事態に備える弁護士のように、マネーマネジャーには管理している資金の増え方に常に関心を持っていてほしい。もしマネジャーを直接雇うのならこの答えは簡単だが、マネジャーの所属する会社と契約するのならば、報酬体系を確認してほしい。報酬には、固定の手数料と顧客口座のパフォーマンスに連動したボーナスや、投資信託から受け取る手数料、会社全体の手数料や新規口座の獲得数などと関係あるケースなど、さまざまな形態がある。ここは、できれば顧客の成功に賭けているマネジャーを選んでほしい。管理手数料が割高だと最初は感じるかもしれないが、出来高払いの要素があると、最終的なリ

ターンがかなり高くなる可能性はある。顧客がマネジャーにとって最大の収入源であるかぎり、長期的に有益な関係を築くことができるチャンスは大きい。

5．すべての資産を現金にしておくことに対してどう思うか

あるとき、賢いトレーダーが「マーケットにはブルでいるべきときもあれば、ベアでいるべきときもあれば、終わりにすべきときもある」と言っていた。優れたマネーマネジャーは、参加しないことの力もよく理解していて、マーケットにチャンスがないときは傍観することができる。2002年の大部分を現金で運用していたマネジャーが、結果的には大部分の投資信託のパフォーマンスを大きく上回ったという事実をよく考えてみてほしい。必要とあれば休む勇気を持ったマネーマネジャーを、ぜひ選んでほしい。

資金管理を任せようと思う相手には、この5つの質問をして、満足いく答えが得られるかどうかをぜひ見てほしい。最初にこれらの点を確認しておけば、資金を任せて利益を生み出してくれる可能性は格段に高くなる。

自分の投資哲学について考える

投資哲学は「気が利いた」ものである必要はないということを前に書いた。もし「見逃せない」投資チャンスを勧められたら、このことを思い出してほしい。ロングターム・キャピタル・マネジメントの宣伝文句が紙の上ではあれほど完璧だったのに、最後は投資家に対してひどい終わり方をしたことを忘れてはいけない。投資先については、目論見書の内容をよく読み、新たに身につけたエッジ分析のスキルを

使って投資先のトレード哲学を分析し、マーケットが提供する最高のリスクに焦点を絞った投資をしてくれる会社だけを選んでほしい。筆者は、ヘッジや価格差や戦略ばかりを強調して、損失を避けることには触れない投資先は避けるべきだと強く思っている。ここまで読めば恐らく分かっていると思うが、大きなトレンドに乗るために参加料として被る小さな損失は許容できる。

　もし特別「はやっている」ファンドがあれば、ぜひその理由を考えてみてほしい。もし新しいマーケットやニッチマーケットのファンドで素晴らしいパフォーマンスが大衆の注目を集めると、新たに流入した大量の資金がファンドの主な所有資産の需要バランスを人工的に崩してしまう。資金が入ってくると、ファンドマネジャーは受託責任者としてそれを運用する責任があるため、毎日、株を買い、それが短期的には自らのパフォーマンスを上げていく。しかし、いずれ高揚期が訪れ、急騰が続いたことで生まれたエアポケットによってある日、突然内部爆発が起こる。この内部爆発は、(ファンド自らの資金流入によって)支持線が構成されたり、メディアが大きく報道し始めたりする直後(つまり、大衆がそれを知ったすぐあと)に決まって起こることになる。これは驚くような展開ではない。ここまで読めば、一生、大衆の一部にはならない程度はマーケットを理解できていると思う。

ETFへの投資

　投資信託が株価指数を上回ることはほとんどないうえ、マネジメントの手数料も２〜３％に上るのに、なぜみんなこれを買うのだろうか。投資信託が発売されたばかりのころは、これを買えば個人投資家でも少額の投資で幅広い分散したエクスポージャーを持つことができることが理由だった。しかし最近は、個人投資家でもETF(上場投資信託)とを使って以前よりずっと安いコストで自由に管理しながら同じ

目標を達成できるようになっている。ETFは、上場されたファンドで、株式市場やセクターや商品の主要な指数のパフォーマンスを反映させたものである。これらのファンドは証券取引所で売買されており、注文の仕方や手数料も通常の個別銘柄と同じに設定されている。ETFは忠実に反映している金融商品の代用になっているため、アービトラージャーにとってはETFと金融商品の価格差が開くと利益チャンスが生まれる。彼らは、複雑なコンピュータープログラムを使ってわずかな価格差を探し出し、その利益チャンスが消滅するまでETFに資金を送り込んでいく。このような利益チャンスが存在することによって、ETFは金融商品のパフォーマンスをほぼ完璧に反映するようになっている。

　ETFは指数や国やセクターへの投資の代用として使われているため、管理は機械的かつ厳格に行われている。これはファンドマネジメントがほぼすべて事務的に行われているということで、その結果、マネジメント手数料は驚くほど低くなっている。例えば、S&P500に連動している「スパイダース」というETFの経費率はわずか0.08％に設定されている。現在、ETFはあらゆる指数やセクター、そして日本、オーストリア、ベルギー、フランス、ドイツ、スペイン、南アフリカ、ブラジル、中国、マレーシアなど、主要な株価指数に対して設定されている。驚くほどたくさんの選択肢と、極めて高い流動性があるETFは、年金口座のような資金を長期的に運用する場合、筆者のお気に入りのツールになっている。筆者のホームページ（http://www.boyoder.com/）に、ETFに関する情報を得られるサイトのリンクや購入可能なETFのリストを掲載してあるので参考にしてほしい。

　多くのマネーマネジャーや投資顧問がETFを使わない理由は、彼らに手数料が入らないからだ。このことも、マネーマネジャーの報酬を自分ではなく第三者が支払っていないかどうかを確認する理由になっている。世の中にタダでもらえる物はないが、金融サービス業界で

は特にそうだ。彼らの収入源をたどっていけば、自分の資産マネジャーが適切なサービスを提供しているかどうかを判断できる情報が手に入る。

より高い商品を売ることも金融業界では伝統的に行われている。顧客を引きつけるために、商品やサービスがコストぎりぎりか、もしかしたら多少コスト割れして提供されたとしても、その分はあとで売りつける高い手数料の商品やサービスで相殺される。いつものように、ただ話のカモになるのが大衆の行動で、結局最後にはむしろ高いコストを払うことになる。人生において、節約は自分のためになる。1ドル節約すれば、それは1ドルを稼いだのと同じことだ。しかし、そもそも思いどおりにならないトレーディングと同様、金融業界は倹約には低パフォーマンスと機会利益の喪失で報いる。業界の集まりなどで講演すると、参加者は教育用サービスなどをほんの少しでも値切ろうと延々とねばるのに、家に帰れば知識と経験がないために5000ドルなどという大金を簡単にマーケットに投入してしまうことに筆者はいつも驚いている。

ときどき……戦略を少し変更してみる

トレーディングは、アイデアと概念から成るゲームだ。筆者は以前に50ドルの本を買い、あるアイデアを得たが、いまではそれが毎月何千ドルもの価値を生み出すトレードになっている。たった1つか2つの概念や突破口が、パフォーマンスに大きな影響を与える。筆者のストキャスティックスの例を読み返せば、仕掛け戦略の簡単な変更が平均利益を大きく押し上げることが分かるだろう。

ある男性が、筆者に日中のトレード計画の改善を依頼してきた。過去3カ月間、利益が出ていないが、その理由が分からないのだという。そこで、彼の戦略を数時間かけて分析した結果、低パフォーマンスの理由はトレード計画自体の問題ではなく、感情的なトレードミスによるものだと分かった。そこで筆者は、ストレスを軽減し、トレードの規律を高める方法をいくつか提案した。そしてそれから何週間か定期的に話し合い、筆者のサポートと、提案したトレード計画に従った正しい行動によって、彼は見事なパフォーマンスを上げた。

 そしてペイバックサイクルが訪れた。実は筆者はこのときを待っていた。この顧客がせっかく上げた利益以上のものをマーケットに戻してしまうのは、いつもこの時期だったからだ。ペイバックサイクルを見極め、この時期にはリスクと積極性を減らす方法を教えることができれば、彼の毎月の利益率は回復するだろうと筆者は確信していた。しかし、たった一度利益が出ない週があったあと、彼はコンサルタント料の負担が大きいことを理由に約束をキャンセルしてきた。

 しかし、それから1カ月もたたないうちに、彼はペイバックサイクルで2万ドル近い損失を出し、再び筆者の下を訪れた。500ドルを節約しようとして、結局2万ドル近くを失ってしまったのだ。彼のトレード計画には、ドローダウンが1万ドルに達したら1週間トレーディングを停止して現金で保有するという防止策が組み込んであった。もし、ドローダウンの期間も彼への助言を続けていれば、計画から外れずに行動することで、最低でも1万ドルは節約できたことが筆者には分かっていた。

 別の顧客の例も紹介しよう。彼はある程度の経験があるトレーダーで、業界の集まりで筆者の講演を聞いて興味を持ち、訪ねて

> きた。われわれはある特定の戦略を一緒に見直し、1カ月後にはこの戦略のエッジを最大限生かした極めて強力なトレード計画が完成した。課題を達成し、彼は感謝の言葉を述べて帰っていった。それから半年ほどして、別のイベントで彼と再会した。一杯おごりたいという彼とマーケットやトレード全般について話しているうちにカクテルが運ばれてきた。すると、彼はわれわれのトレード計画に乾杯しようと提案した。あの戦略が、最初の1カ月で10万ドル以上の利益をもたらしたということだった。

たったひとつのアイデアや概念を付け加えただけで、マーケットがもたらしてくれる収益力に注目してほしい。金融サービス業界が提供しているサービスを分析するときには、「タダの物はない」ということを忘れてはいけない。うますぎる話には、必ず裏がある。頭の悪い医者の手術や激安の美容整形手術を受けたい人はいないように、将来の資金に質の高い改善を望むなら、安いマネーマネジャーでは務まらない。安かろう悪かろうだ。将来の資金について言えば、高品質のサービスを買うかどうかにかかっている。

リワードはリスクと相関している

優れたマネーマネジャーはリスク管理をするだけでなく、パフォーマンスに対する適切な見通しも示してくれる。リワードは常にリスクと直接的に相関していて、大きなリスクを受け入れれば、期待利益も大きくなる。投資重視のマネーマネジャーにとって、年間利益を予想するのは難しいが、トレードの頻度が上がれば、期待利益を予想する精度も上がる。結局、特定の時間枠における最終結果を決めるのはリスク・リワード・レシオだが、ポジションごとのパフォーマンスはマ

ーケットのトレンドによるところが大きい。毎月、ひいては毎四半期の利益はランダムである。長期の時間枠でトレードしていても、年間利益の大部分はほんの2～3週間に起こった劇的な価格変動によってもたらされている場合が多い。価格動向を利用した毎週（または毎月、毎四半期）のトレードが、「正しく、腰をすえた」試みだということは間違いない。

　筆者は、金融業界のプロと一緒に仕事をしてきた経験から、トレードプログラムの資産曲線を無知な大衆の好みに合わせようとしてたくさんのエッジを失っているトレーダーが大勢いると考えるようになった。ビッグマネー、つまり本当の富の創造は「長期間の作業」によってもたらされるということを理解している一般投資家はほとんどいない。積極的なトレーティングは安定した収入をもたらすが、手数料や労力など膨大な費用もかかる。もちろん、トレーディングが仕事で、安定した収入を得る必要があるならそれでもいいだろう。

　しかし、もし20年後の引退を目指す投資家ならどうだろう。月ごとの利益率にはあまり関心がないはずだ。勝率と平均リスク・リワード・レシオが反比例しているように、毎月安定した利益を求めるには高いコストがかかると筆者は信じている。これまでトレードしてきたなかで、桁外れに大きいトレンドをとらえる完璧なポジションを建てたことが何度もあったが、その大きなチャンスを小さい時間枠で手仕舞ってしまい逃してきた。なかでも記憶に残っているのは、インターネットバブルのさなかに行ったヤフーのトレードだ。あるとき、この銘柄が日中反転したことに気づいた筆者は、期待利益が3対1のポジションを仕掛けた。株価はすぐに上昇して利益目標に達したため、そこで利食って、次のトレードに移った。しかし翌週もヤフーは急騰し続けた。結局、このときの上昇は100ポイントを記録し、もし実現していたらその年の年収の2倍以上の利益が得られていたことになる。このような展開を予想せず、これほどの動きをとらえるための計画も持っ

ていなかったことに、筆者は大きなショックを受けた。

　筆者は、自分のトレード計画をミスなく実行し、株価動向をパラメーターの範囲内で正しく予想していたため、100ポイントの上昇を逃したことについて自分を責める理由はなかった。ただ、このことが筆者のトレード計画にはまったく含まれていなかったため、この上昇に乗る資格もなかった。当時のトレードプログラムは毎月の衣食住を賄うことが目的で、富の構築は動機としては二次的なものだった。生活費を稼ぐというプレッシャーの下で、筆者はその月の利益をできるかぎり確定したくて、意図的に上方にあるかもしれない未知の利益を犠牲にしていたのだ。

　ただ、そのほかにも筆者は目的の違う口座を保有していた。将来のための資金だ。個人的な災難にでも見舞われて即刻お金が必要にでもならないかぎり、引退するまで複利で増やしていくつもりの資金だ。1週間に4～8回のトレードを仕掛ける生活のためのトレードプログラムと違い、引退資金の口座ではポジショントレードが中心だった。ここでは、ETFや個別銘柄のトレンドが大きく変わると感じたときにリスクをとり、そのトレンドが成熟して高揚期に達するのを待っていた。

インサイダーのアドバイス

平均的なリスク・リワード・レシオが5対1程度なのに対し、15～25対1という爆発的な比率のトレードがときどきだが必ずある。この思いがけない利益が普通の年を素晴らしい年に、素晴らしい年を最高の年のひとつにしてくれる。もしマネーマネジャーに毎月必ず一定の成果を求めるなら、それは極めて有利な展開の時期に上方の可能性を制限することにもなることを知っておく必要がある。これを回避するためには、最初に設定するパフォーマンス目標やリスク水準と比較したマネジャーの評価を、四半期または年間ベースで行えばよい。

Putting It All Together

第13章

まとめ

もし何らかの理由でだれかが宇宙の目的と存在理由を解き明かしたら、宇宙は一瞬にして消滅して、別のもっと奇妙で説明のつかないものが表れるという説がある。その一方で、それはすでにもう起こってしまったという説もある。
——ダグラス・アダムス（SF作家）

　ここまで来れば、読者は本書で紹介したアイデアのいくつかをすでに試し始めているかもしれない。マーケットとかかわる理由が楽しみのためでも、生活のためでも、そこで得た知識を使って資産を託す最高のマネジャーを探すためでも、信じられないほどの自由と潜在利益を秘めた世界に踏み込んだことには変わりはない。そして、本書で述べてきたことを通して、筆者の考えが有効だと納得してもらえればうれしい。トレーダー、講演者、執筆者、そしてアナリストとしての経験を通じて、筆者はマーケットの原則と行動に関する断固とした見方を持つようになった。ソクラテスはあるときこう言った。

ほかの人が書いたものを読んで、自分自身を高めれば、ほかの人が苦労して到達した場所に簡単に到達できる。

　筆者も、この業界の人たちから多くを学んだ。今度は、読者が本書から何か価値を見いだしてくれればとてもうれしい。もしトレードを始めたばかりならば、歓迎する。ここには、トレーダーとして独自の現実を造り上げるまたとないチャンスがある。正しく金融商品や時間枠やトレードスタイルや戦略などを選べば、ほぼすべてのライフスタイルに合うトレーディングが見つかる。マーケットは使うものであっ

て、使われるものではないが、世の中には、マーケットの大小の揺れにとらわれ、振り回されているトレーダーが多すぎる。筆者と一緒に大衆が常に間違っていることを信じ、自分はみんなとどこが違い、なぜ多くのマーケット参加者が失敗するなかで成功できるのかをじっくりと考えてほしい。この仕事は、次に挙げるいくつかの変えることのできない真実を覚えておけば、独立性と創造性を十二分に生かす余地がある。

- トレードは統計的確率に基づいている。どれが勝ちトレードになって、どれが負けトレードになるのかを事前に知ることはできない。
- 利益としてとらえることができるのは、マーケットが提供し、自分のエッジの対象になるもののみ。
- サイズが大きくなれば、収益も大きくなる。しかし、マーケットやポジションや戦略の数が増えると収益は減る傾向がある。
- 勝ちトレードでマーケットから得る金額は負けトレードでマーケットに返す金額より大きくなければならない。

独自のエッジを開発して、それを活用するトレード計画を立てれば、大衆やその無益な行動とは距離を置くことができる。また、常識の枠の外でも落ち着いていられるようになれば、客観性を失ったり感情的なトレードミスを犯したりすることはなくなっていく。そして、チャートの価格動向が注文の流れやマーケットの感情を教えてくれる絵コンテのように見えてくる。そうなれば、マーケットは犠牲や痛みが征服や勝利につながる戦場ではなく、探求心を満たす実験や、創造的な問題解決が富と個人の自由をもたらすチャンスの場に変わる。多数の金融メディアが同じ資産クラスのメリットや強さを一様に伝え出したら、それは高揚期のサイン、つまり利食って空売りの利益を模索し始める時期と考えてほしい。思い込みをやめて自由に考えれば、大衆

の行動が受容的なものだということが「見えて」くる。そして、もしトレードが失敗して自分が間違っていることが明らかになったときは、自分の資本やエゴに対するリスクを受け入れなくてはならない。また、それぞれのトレードは、巨大なパズルのほんの1ピースでしかない。単独で破綻を招くトレードはひとつもないし、損切りのストップに達することが個人的な失敗ではないということもよく理解しておく必要がある。

　失敗を恐れていると、さまざまな強い感情が沸き起こり、それが感情的なトレードミスの原因になる。たくさんの観客の前で講演するとき、筆者はそのなかのひとりにコイン投げでリスクをとる経験をしてもらう。このとき、もし賭け金が25セントなら、観客はすぐに投げてくれるし、リラックスした態度で身振りにもストレスは感じられない。ところが、2回目は賭け金を100ドルに上げると、彼はなかなか投げようとしないし、肩に力が入り、身振りには緊張とストレスが感じられる。ゲーム自体はまったく同じで、変わったのは賭け金だけ、勝率も50％で変わっていない。しかし、100ドルという金額は結果が気になるのに十分な額で、コイン投げの結果につい個人的な感情が入ってしまうのだ。そして、コイン投げの結果はコントロールできないのに、負けると失敗した気持ちになってしまう。

　25セントを賭けたときの気楽で無頓着な状態こそが、トレーディングの成功には欠かせない。いつの日かトレーディングで何百万ドルもの儲けを上げたいと思うならば、平静さを失わずに毎日6桁の損益を処理していけるよう慣れる必要がある。筆者の経験では、ほかのだれからよりも、自分自身でかけるプレッシャーが大きい。しかし、投機家として成功するためには、この内面から来るプレッシャーを克服しなければならない。

　疑問を感じることがあれば、トレーディングに関する書物で紹介しているあらゆるフィルターを使って、それを解明してほしい。もちろ

ん、このなかには本書も断固として含まれている。考慮すべきアイデアは伝えたので、今度はその概念に賛同するかどうかを読者が判断してほしい。自分が学んだことを信じ、それを確認すれば、自分のエッジとトレード計画に信念という力が加わる。そうなれば、このエッジに対抗できる人はそうはいない。自動車に貼るバンパースティッカーで「クエスチョン・オーソリティー」（納得いくまで質問する）というのをよく見かけるが、筆者なら「クエスチョン・エブリシング」（すべて質問する）と言いたい。特に、トレードを学んでいる人はそうしてほしい。筆者のコンサルティングでは、アイデアや概念や理論を示したうえで、顧客がその概念を自ら証明できるよう枠組みだけを提供することにしている。

　筆者には、すべてのトレーダーの学習曲線を加速させる自信がある。しかし、筆者が提示した情報を本当に効果的に使うためには、ひとりひとりのトレーダーがその有効性を自分自身で検証しなければならない。マーケットの良い点のひとつは、理論に関して調べさえすれば絶対的な証明が得られることだ。筆者がすでにエッジに関するアイデアを提供しているうえ、代わりに調査を行っているのだから、あとは簡単な作業だけで個別にその有効性を確認できるはずだ。

第14章 Good Luck and Good Trading!

幸運と素晴らしい トレーディングを祈る

無知なトレーダーが数百ドル儲けるよりも、トレードの仕方を知っているトレーダーが何百万ドルも儲けるほうが簡単だ。　　　　　　　　——ジェシー・リバモア

　トレーディングは、地球上で最も素晴らしくて珍しい仕事のひとつだ。基本的な接続さえできれば、世界中どこにいてもマーケットからお金を引き出すことができる。しかも、それを自分のライフスタイルやスケジュールに合わせた形でできるように、トレードスタイルを作り上げていくことができる。名もない人が6、7、8桁、ときには10桁の収入を得ていることもある。初期費用もほとんどかからず、やめたければブローカーに電話を一本掛けるだけで清算してもらえる。

　ただ、トレーディングの知識がもたらす素晴らしいメリットも、ときには大きなコストを伴うことがある。本書で紹介したアイデアが読者の学習曲線を加速し、トレードがバランスと調和を（乱すのではなく）もたらすことになればうれしい。

　もちろん、トレーディングは数字とお金の世界だが、皮肉なことに儲けることだけを考えて成功する例はほとんどない。利益を上げることができるのは、トレードの過程や分析を重視して、マーケットとの関係を楽しむ感覚を失わないタイプであり、彼らの利益はスキルと経験と正しい行動の副産物と言える。彼らは、トレード過程に集中していれば、あとはエッジの数字どおりの結果が出る。

　新しいミレニアムを迎え、世界のマーケットへのアクセスがそれまでにはあり得なかったほど広がっているこの時代にトレードしている

読者は非常に幸運だと言える。そしてこれからは、どの金融商品をトレードするかが最大の問題になるだろう。金融市場にかかわるサービスがますます共有化していくなかで、トレードの経費はさらに低くなっていく。新しいエッジやトレード戦略がますます安く実行可能になり、これまで存在しなかったような新しい規律やトレード手順が登場してくるだろう。
　自分のなかの創造力を解き放ち、それを客観的なパターン認識に注ぎこんでほしい。将来、とびきり素晴らしいパターンや傾向や予想のためのツールを思いついたとき、本書で紹介した知識で武装していれば、考案した戦略がもたらす最大のリワードを手に入れるための十分な情報と優位性を備えておくことができる。

＊　＊　＊　＊　＊　＊　＊　＊

　筆者が今後参加するイベントは、インターネットで検索するか、筆者のウエブサイト（http://www.boyoder.com/）を見れば分かる。読者と直接会い、どのように突破口を見いだし、どのようにして新しいエッジ分析をトレード収入の増加につなげていったかなど、学習曲線に関する経験談をぜひ聞かせてほしい。
　世界中にはたくさんのお金が埋まっている。自分の取り分を獲得するために、飛び出そう。幸運と素晴らしいトレーディングを祈っている。

付録A　基本のエッジ分析ワークシート

エッジ分析の初期に便利なワークシートを紹介しよう。新しいトレードアイデアを開発したとき、利益率を観察したり、ペイアウトサイクル・ペイバックサイクル（PPサイクル）のサイズやリズムを視覚的に判断するのにこのワークシートが役に立つ。

ワークシートのコピーをとって、数字を書きこんでみよう。同じもののスプレッドシート版を http://www.boyoder.com/ からダウンロードして、パソコンで管理することもできる。

このワークシートには、まず勝ちトレードと負けトレードを該当する欄に書きこんでいく。反対の欄は空白のまま残しておけば、PPサイクルが一目で分かる。すべて書きこんだら、上部の枠内の数字と、下部の3列目の累計を記入していく。累計からは、ドローダウンのサイクルが一目で分かる。もし、スプレッドシートで作業する場合は、右下の開いている枠内に、累計の線グラフを表示するよう設定してほしい。

次に、第1章で紹介した高リスク・リワード・レシオ戦略のトレード結果をワークシートに書き込んだ例を載せておく。

図A.1

ボー・ヨーダーのエッジ分析基本ワークシート（http://www.boyoder.com/）

トレード数 20	勝ちトレード数 4	負けトレード数 16	最終損益 $6,000
	平均手数料 $15	1トレード当たりの期待利益 $285	
平均利益 $5,500	平均損失 -$1,000	平均リスク・リワード・レシオ 5.5 to 1	

勝ちトレード	負けトレード	累計
	-$1,000	-$1,000
$5,000		$4,000
	-$1,000	$3,000
$5,000		$8,000
	-$1,000	$7,000
	-$1,000	$6,000
	-$1,000	$5,000
	-$1,000	$4,000
	-$1,000	$3,000
	-$1,000	$2,000
	-$1,000	$1,000
	-$1,000	$0
	-$1,000	-$1,000
	-$1,000	-$2,000
$7,000		$5,000
	-$1,000	$4,000
	-$1,000	$3,000
	-$1,000	$2,000
	-$1,000	$1,000
$5,000		$6,000

Copyright 2007 Bo Yoder-Free for personal use.

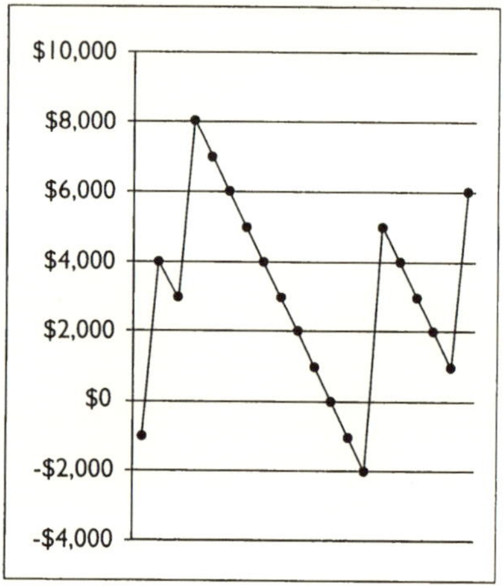

図A.2
ボー・ヨーダーのエッジ分析基本ワークシート（http://www.boyoder.com/）

トレード数	勝ちトレード数	負けトレード数	最終損益
	平均手数料	１トレード当たりの期待利益	
平均利益	平均損失	平均リスク・リワード・レシオ	

勝ちトレード　　負けトレード　　累計

Copyright 2007 Bo Yoder - Free for personal use.

付録B　トレード計画用ワークシート

　繰り返しになるが、トレード計画は、トレードプログラムが成功するための最も重要な要素のひとつとなる。トレード計画は、マーケットが不利に展開したり、トレーディング以外の理由で感情が高ぶったりしているとき、行動の指針になる。十分時間をかけて、創造的かつ冷静に組み立ててほしい。自己評価の基準として、次の質問が役に立つだろう。

1. 自分のエッジを明確に説明せよ。
2. 仕掛けポイントの条件は何か。
3. どのようなマーケット動向が自分の戦略にとって有利か。
4. 自分の買いシグナルや売りシグナルが出るのはマーケットがどのような動きをしたときか。
5. 仕掛けたり手仕舞ったりするためにどのような作戦や注文の種類を使うか。
6. ストップ注文はどのようなルールに基づいて置くか。
7. 仕掛けのセットアップを探すために、どのようなツールや方法や戦略を使うか。
8. その戦略は特定の時間枠のみで使うのか。もしそうなら、どの時間枠で、なぜそれがこの戦略に最も適しているのか。
9. その戦略は空売りと買いの両方に使えるのか。
10. 利食いのための戦略はどのようなものか。
11. ペイアウトサイクルからペイバックサイクルへの転換期を見極めるためのカギとなる出来事は何か。
12. ペイバックサイクルからペイアウトサイクルへの転換期を見極めるためのカギとなる出来事は何か。

13. 自分がペイアウトサイクルに入っていることが分かった時点で、ポジション管理の戦略をどのように変更するか。
14. 自分がペイバックサイクルに入っていることが分かった時点で、ポジション管理の戦略をどのように変更するか。
15. 通常、損失額がどのくらいになれば、ドローダウンの途中でトレーディングを中断してエッジを検証し直すか。
16. １カ月の損失額がどのくらいになれば、トレーディングを中断してエッジを検証し直すか。
17. 仕掛けに関してどのようなタイプの失敗があれば、その戦略を中止することを考慮するか。

　これらの質問にすべて答えることができれば、自信を持って新しいエッジを使ったトレーディングを始めることができる。戦略の開発過程でマーケットと「実践練習」をすることで、基本パターンのすべてを網羅するトレード計画を立てることができる。そして、これがあればマーケットが自分に有利に展開した場合も、不利に展開した場合も（こちらのほうがさらに重要）、どう行動すべきかが正確に分かる。

付録C　トレーディング・チャレンジ・ワークシート

　このワークシートは手書きも可能だが、パソコンで管理したほうがずっと便利に使える。できれば、http://www.boyoder.com/ からスプレッドシートで作成したワークシート（英語）と例をダウンロードして利用してほしい。

　「最終目標」「1週間の目標」「証拠金」の欄の説明は不要だろう。「攻撃水準」はトレード口座の額に対する最大トレード数にどこまで近づいているかを管理する欄になっている。ちなみに、このワークシートでは1枚の丸代金が10万ドル単位になっている。つまり、0.3は3万ドルのポジションということになる。

　このワークシートは、FXトレード用にデザインされているが、簡単な変更でほかの金融商品のトレードにも利用できる。その場合は、必要に応じて「証拠金」の欄の金額を（10万ドル当たりの額から）1トレード当たりの額に変更してほしい。また、「累計」列の計算式の10（1ティック当たりの損益額）も、対象商品に合わせたポイント数に変更してほしい（例えば、EミニS&P500なら、50に変更する）。

　最初の例は、500ドルでスタートして、2万ドルを目指したトレード記録になっている。シートを見れば分かるとおり、この例では1週間当たり最低40ピップスの利益を上げれば、2～3カ月で最終目標を達成できる。このチャレンジでは、「攻撃水準」が100％に設定してあることに注目してほしい。これは「破産するまで攻めろ」という設定だ。連敗が続けば、口座は破産してしまうため、このような設定は最も極端なチャレンジをする場合のみにしてほしい。

　2つ目の例は、もっと現実的な攻撃水準になっている。25％の攻撃水準とは、口座の額に対して4分の1のサイズしかトレードできないことを意味している。極端なドローダウンで破綻することはもちろん

表C.1

ボー・ヨーダーのトレーディング・チャレンジ・ワークシート
(http://www.boyoder.com/)

目標	1週間当たりの目標	証拠金（10万ドル当たり）
$20,000	40	$1,350
	攻撃水準	
	100%	

Copyright 2007 Bo Yoder - Free for personal use.

期間	残高	損益（ピップス）	最大サイズ	枚数	損益
1週目	500.00	40	0.4	0.3	120
2週目	620.00	40	0.5	0.4	160
3週目	780.00	40	0.6	0.5	200
4週目	980.00	40	0.7	0.7	280
5週目	1,260.00	40	0.9	0.9	360
6週目	1,620.00	40	1.2	1.2	480
7週目	2,100.00	40	1.6	1.5	600
8週目	2,700.00	40	2.0	2.0	800
9週目	3,500.00	40	2.6	2.5	1,000
10週目	4,500.00	40	3.3	3.3	1,320
11週目	5,820.00	40	4.3	4.3	1,720
12週目	7,540.00	40	5.6	5.5	2,200
13週目	9,740.00	40	7.2	7.2	2,880
14週目	12,620.00	40	9.3	9.3	3,720
15週目	16,340.00	40	12.1	12.1	4,840
16週目	21,180.00	40	15.7	15.6	6,240

あり得るが、それはよほど不運なトレードが続くか、全資金を失うような深刻な管理の失敗でもないかぎり、めったに起こらない。

　表C.2は、筆者の個人的なトレードスタイルにかなり近い内容になっている。筆者は、1カ月のゴールまでの数字を常に知っておきたいタイプなので、例えばFXトレードで1万5000ドルの利益を目指す場合は、このワークシートが1日当たり平均9ピップスが必要だと教えてくれる。月によって儲かるときもあれば、そうでないときもあるが、1日当たりの平均ピップスを維持することができれば、極端なレバレ

表C.2

ボー・ヨーダーのトレーディング・チャレンジ・ワークシート
(http://www.boyoder.com/)

目標 $15,000	1週間当たりの目標 9	証拠金（10万ドル当たり） $1,350
	攻撃水準 25%	
		Copyright 2007 Bo Yoder - Free for personal use.

期間	残高	損益（ピップス）	最大サイズ	枚数	損益
1日目	25,000.00	9	18.5	4.6	414
2日目	25,414.00	9	18.8	4.7	423
3日目	25,837.00	9	19.1	4.7	423
4日目	26,260.00	9	19.5	4.8	432
5日目	26,692.00	9	19.8	4.9	441
6日目	27,133.00	9	20.1	5.0	450
7日目	27,583.00	9	20.4	5.1	459
8日目	28,042.00	9	20.8	5.1	459
9日目	28,501.00	9	21.1	5.2	468
10日目	28,969.00	9	21.5	5.3	477
11日目	29,446.00	9	21.8	5.4	486
12日目	29,932.00	9	22.2	5.5	495
13日目	30,427.00	9	22.5	5.6	504
14日目	30,931.00	9	22.9	5.7	513
15日目	31,444.00	9	23.3	5.8	522
16日目	31,966.00	9	23.7	5.9	531
17日目	32,497.00	9	24.1	6.0	540
18日目	33,037.00	9	24.5	6.1	549
19日目	33,586.00	9	24.9	6.2	558
20日目	34,144.00	9	25.3	6.3	567
21日目	34,711.00	9	25.7	6.4	576
22日目	35,287.00	9	26.1	6.5	585
23日目	35,872.00	9	26.6	6.6	594
24日目	36,466.00	9	27.0	6.7	603
25日目	37,069.00	9	27.5	6.8	612
26日目	37,681.00	9	27.9	6.9	621
27日目	38,302.00	9	28.4	7.0	630
28日目	38,932.00	9	28.8	7.2	648
29日目	39,580.00	9	29.3	7.3	657
30日目	40,237.00	9	29.8	7.4	666

表C.3
ボー・ヨーダーのトレーディング・チャレンジ・ワークシート
(http://www.boyoder.com/)

目標	1週間当たりの目標	証拠金（10万ドル当たり）
	攻撃水準	

Copyright 2007 Bo Yoder - Free for personal use.

期間	残高	損益（ピップス）	最大サイズ	枚数	損益

ッジを掛けなくても目標利益の達成は可能だと確信できる。そして月末になるとトレード口座から利益を引き出し、月初にはまた同じ過程を繰り返す。

付録D　複合利益ワークシート

　このワークシートの趣旨は、利益の再投資を計画的に行うことと、定期的な収入を目指すトレーダーの手助けを行うことにある。トレーディング・チャレンジ・ワークシートがレバレッジを掛けた複利の驚くべき力を示しているが、そのチャレンジが成功しなければ労働の成果を享受することはできない。われわれは、現実の世界で常に生活費の支払いに追われている。そのため、筆者はトレーディングで十分な収入を得られることを実証できるまではそれまでの仕事を辞めないで、その間のトレード利益を100％複利で増やしていくことを顧客に勧めている。こうすれば、「定職」で生活費が賄えている人は、トレードという新しいスキルを最大限効率的に利用できる。
　チャレンジワークシートの例で見たとおり、大きなリスクをとってそれを100％複利で運用すれば、相当な利益を比較的短期間で実現できる。しかし、それができるのは、ほかに生活費を全額まかなう収入があって、純粋なリスク資本でトレードできる場合だけだ。
　必要な資本を確保し、プロのトレーダーとしてやっていくスキルを身につけたら、次に紹介する「複合利益ワークシート」を使ってほしい。最初にすべきことは、毎月の生活費の予算を注意深く分析することで、ここには衣食住にかかわるすべての費用を含める。そして、その合計額に何％かのクッションを足せば、プロのトレーダーとして稼ぐべき「給料」の額が分かる。言い換えれば、これが毎月トレード口座から引き出される金額となる。1カ月のリターンが多くても少なくても、最終的な損益がプラスでもマイナスでも、請求書は送られてきて、いやが応でも大事な「木の実」はなくなっていく。
　このワークシートは、1カ月単位でトレード口座を管理できるようになっている。まずは、「1カ月に必要な木の実」の量と、トレード

口座のサイズとその月の損益を記入していく。できればこのワークシートもパソコンで管理してほしいが、もちろん手書きでもかまわない。面倒な方法にも必ずメリットはある。手書きだと、いやでも数字に意識がいくことで、自分の財政状況を現実的に把握することができるからだ。

1920年代の偉大な投機家であるジェシー・リバモアは、1年に一度トレード口座を清算してすべて現金に変えたと言われている。そして、そのお金とサンドイッチを持って一晩金庫に閉じこもるのだという。札束の山を眺めながら、彼は一晩かけて次の1年間のトレード計画を立てる。リバモアは、次の1年も現実のお金、それもかなりの大金を賭けるということを自分自身に自覚させるために、わざわざこのようなことをしていたと言われている。

1カ月に必要な木の実、口座の残高、1カ月の損益をインプットすれば、スプレッドシートが次の計算をしてくれる。

1. もし利益が1カ月に必要な木の実の量を超えていれば、超過金額とリターン率。この金額が、トレード口座の残高であり、その分翌月以降の購買力と期待収益も増加する。
2. 1％、2％、3％、5％のリスク水準（単位ドル）。トレード資本が複利で少しずつ増加するなかで、ポジションサイズを決める目安を示してくれる。

典型的なトレード例として、ワークシートの1ページを載せておく。

表D.1

ボー・ヨーダーの複合利益ワークシート
(http://www.boyoder.com/)

1カ月に必要な木の実
$10,000

Copyright 2007 Bo Yoder-Free for personal use.

日付	残高	1カ月の損益	リターン率(%)	複合利益	1%リスク	2%リスク	3%リスク	5%リスク
2006/01	$285,750	$15,500	5.42	$5,500	$2,858	$5,715	$8,573	$14,288
2006/02	$291,250	$9,500	3.26	$0	$2,913	$5,825	$8,738	$14,563
2006/03	$290,750	$12,375	4.26	$2,375	$2,908	$5,815	$8,723	$14,538
2006/04	$293,125	-$5,000	-1.71	$0	$2,931	$5,863	$8,794	$14,656
2006/05	$278,125	$12,000	4.31	$2,000	$2,781	$5,563	$8,344	$13,906
2006/06	$280,125	$9,000	3.21	$0	$2,801	$5,603	$8,404	$14,906
2006/07	$280,125	$3,950	1.41	$0	$2,801	$5,603	$8,404	$14,006
2006/08	$274,075	$14,000	5.11	$4,000	$2,741	$5,482	$8,222	$13,704
2006/09	$278,075	$19,250	6.92	$9,250	$2,781	$5,562	$8,342	$13,904
2006/10	$287,325	$9,875	3.44	$0	$2,873	$5,747	$8,620	$14,366
2006/11	$287,200	$22,500	7.83	$12,500	$2,872	$5,744	$8,616	$14,360
2006/12	$299,700	$38,000	12.68	$28,000	$2,997	$5,994	$8,991	$14,985
2007/01	$327,700	$7,000	2.14	$0	$3,277	$6,554	$9,831	$16,385
2007/02	$327,700	$4,500	1.37	$0	$3,277	$6,554	$9,831	$16,385
2007/03	$327,700	-$9,000	-2.75	$0	$3,277	$6,554	$9,831	$16,385
2007/04	$308,700	$13,000	4.21	$3,000	$3,087	$6,174	$9,261	$15,435
2007/05	$311,700	$15,000	4.81	$5,000	$3,117	$6,234	$9,351	$15,585
2007/06	$316,700	$24,000	7.58	$14,000	$3,167	$6,334	$9,501	$15,835
2007/07	$330,700	$125	0.04	$0	$3,307	$6,614	$9,921	$16,535
2007/08	$330,700	$1,950	0.59	$0	$3,307	$6,614	$9,921	$16,535
2007/09	$322,650	$27,500	8.52	$17,500	$3,227	$6,453	$9,680	$16,133
2007/10	$340,150	$15,000	4.41	$5,000	$3,402	$6,803	$10,205	$17,008
2007/11	$345,150	$21,500	6.23	$11,500	$3,453	$6,903	$10,355	$17,258
2007/12	$356,650	$17,525	4.91	$7,525	$3,567	$7,133	$10,700	$17,833
2008/01	$364,175	$25,000	6.86	$15,000	$3,642	$7,284	$10,925	$18,209
2008/02	$379,175	$39,000	10.29	$29,000	$3,792	$7,584	$11,375	$18,959
2008/03	$408,175	-$18,000	-4.41	$0	$4,082	$8,164	$12,245	$20,409
2008/04	$408,175	-$22,000	-5.39	$0	$4,082	$8,164	$12,245	$20,409
2008/05	$376,175	$24,750	6.58	$14,750	$3,762	$7,524	$11,285	$18,809
2008/06	$390,925	$12,000	3.07	$2,000	$3,909	$7,819	$11,728	$19,546
2008/07	$392,925	$19,500	4.96	$9,5000	$3,929	$7,859	$11,788	$19,646

表D.2

ボー・ヨーダーの複合利益ワークシート
(http://www.boyoder.com/)

1カ月に必要な木の実

Copyright 2007 Bo Yoder - Free for personal use.

日付	残高	1カ月の損益	リターン率(%)	複合利益	1%リスク	2%リスク	3%リスク	5%リスク

付録E　執行コストワークシート

　有効で持続的なエッジを探すことは、難しいうえに時間がかかることもある。それなのに、ミスや、スリッページや、そのほかのトレーディングにかかわる「経費」でそのエッジを放棄する理由はない。執行評価ワークシートは、パフォーマンスの隠れた妨害によって失った金額をモニターできる便利な方法だ。

　トレードの初心者として、心理的なミスや実行ミス、感情的な失敗を別々に管理したいと思うかもしれない。しかし、筆者の実行ミスの大部分は、「指が太い」ことが原因なので（15と入力するところを18と打ってしまうなど）、全部まとめて1枚のシートで管理することにした。皮肉なことに、筆者が最近起こしている唯一の精神的なミスは、筆者が「方向失読症」と呼んでいるタイプのミスで、マーケットが上がると思っているのに空売りを仕掛けてしまったり、下がりそうなのに買い持ちのポジションを建ててしまったりしている。もちろん、儀式となっているトレードチェックリストのおかげで即座にミスに気づくことができるが、それでも手数料や1～2ティックのコストが執行評価ワークシートに記されることになる。

付録E　執行コストワークシート

表E.1

ボー・ヨーダーの執行コストワークシート（http://www.boyoder.com/）

トレードチェックリスト

すべてのポジションが執行されたか
損切りのストップ注文は正しい内容で機能しているか
建てたポジションの方向は間違っていないか
利食いのための注文は正しい内容で機能しているか
出している注文の内容は正しいか、サイズは統一しているか
必要のない注文を出したままになっていないか

Copyright 2007 Bo Yoder - Free for personal use

日付	時間	ミスの種類	コスト	金融商品名	累計	ミスの等級

■著者紹介
ボー・ヨーダー（Bo Yoder）
プロのトレーダー兼著者で、トレーディングエッジとリスクマネジメントが専門の金融コンサルタントでもある。トレーディングに関心を持ったのは1990年代初めで、ある冬に行った少額の投資がスキーのインストラクターとして得ていた収入と同じ利益を上げたことがきっかけだった。このことで、仕事を辞めてフルタイムトレーダーに転身したヨーダーは集中的に勉強と調査を行い、独自のトレード戦略を考案した。彼は、今日でもこの一連の戦略を使って、世界中のマーケットでエッジを増やしている。ペイアウトサイクル・ペイバックサイクルや流動性プールの発案者としても有名で、世界中のセミナーや業界のイベントなどで講演を行っている。また、ライブイベントやウエビナーやDVDシリーズなどでも個人投資家やプロに対してエッジを最大限に生かすためのプログラムを展開している。講演会や個別の顧客に対するコンサルティングを行う以外は、ネットトレーディングによって可能になる自由を謳歌しながら、自宅のあるメーン州で過ごしたり、インターネットで金融市場にアクセスできる世界中の場所を飛び回ったりしている。

■監修者
長尾慎太郎（ながお・しんたろう）
東京大学工学部原子力工学科卒。日米の銀行、投資顧問会社、ヘッジファンドなどを経て、現在は大手運用会社勤務。訳書に『魔術師リンダ・ラリーの短期売買入門』『タートルズの秘密』『新マーケットの魔術師』『マーケットの魔術師【株式編】』『デマークのチャート分析テクニック』（いずれもパンローリング、共訳）、監修に『ワイルダーのテクニカル分析入門』『ゲイリー・スミスの短期売買入門』『ロスフックトレーディング』『間違いだらけの投資法選び』『私は株で200万ドル儲けた』『バーンスタインのデイトレード入門』『究極のトレーディングガイド』『投資苑2』『投資苑2 Q&A』『ワイルダーのアダムセオリー』『マーケットのテクニカル秘録』『マーケットのテクニカル百科　入門編・実践編』『市場間分析入門』『投資家のためのリスクマネジメント』『投資家のためのマネーマネジメント』『アペル流テクニカル売買のコツ』『高勝率トレード学のススメ』『スペランデオのトレード実践講座』『株は6パターンで勝つ』『フルタイムトレーダー完全マニュアル』『投資苑3』『投資苑3　スタディガイド』『バーンスタインのトレーダー入門』『投資家のための投資信託入門』『新版　魔術師たちの心理学』『マーケットの魔術師【オーストラリア編】』『株価指数先物必勝システム』（いずれもパンローリング）など、多数。

■訳者紹介
井田京子（いだ・きょうこ）
翻訳者。主な訳書に『ワイルダーのテクニカル分析入門』『トゥモローズゴールド』『ヘッジファンドの売買技術』『投資家のためのリスクマネジメント』『トレーダーの心理学』『スペランデオのトレード実践講座』『投資苑3　スタディガイド』『投資家のための投資信託入門』『マーケットの魔術師【オーストラリア編】』（いずれもパンローリング）ほかがある。

2008年6月4日	初版第1刷発行
2009年8月2日	第2刷発行
2010年4月2日	第3刷発行
2011年1月3日	第4刷発行
2015年2月1日	第5刷発行
2020年3月1日	第6刷発行

ウィザードブックシリーズ (138)

トレーディングエッジ入門
――利益を増やしてドローダウンを減らす方法

著　者　ボー・ヨーダー
監修者　長尾慎太郎
訳　者　井田京子
発行者　後藤康徳
発行所　パンローリング株式会社
　　　　〒160-0023　東京都新宿区西新宿7-9-18-6F
　　　　TEL 03-5386-7391　FAX 03-5386-7393
　　　　http://www.panrolling.com/
　　　　E-mail　info@panrolling.com
編　集　エフ・ジー・アイ（Factory of Gnomic Three Monkeys Investment）合資会社
装　丁　パンローリング装丁室
組　版　パンローリング制作室
印刷・製本　株式会社シナノ

ISBN978-4-7759-7105-5

落丁・乱丁本はお取り替えします。
また、本書の全部、または一部を複写・複製・転訳載、および磁気・光記録媒体に
入力することなどは、著作権法上の例外を除き禁じられています。

本文 ©Kyoko Ida／図表　© Panrolling　2008 Printed in Japan

マーク・ダグラス

シカゴのトレーダー育成機関であるトレーディング・ビヘイビアー・ダイナミクス社の社長を務める。商品取引のブローカーでもあったダグラスは、自らの苦いトレード経験と多数のトレーダーの間接的な経験を踏まえて、トレードで成功できない原因とその克服策を提示している。最近では大手商品取引会社やブローカー向けに、本書で分析されたテーマやトレード手法に関するセミナーや勉強会を数多く主催している。

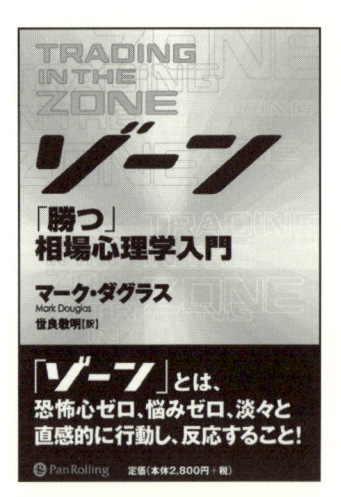

ウィザードブックシリーズ32

ゾーン　勝つ相場心理学入門

定価 本体2,800円+税　　ISBN:9784939103575

「ゾーン」に達した者が勝つ投資家になる!

恐怖心ゼロ、悩みゼロで、結果は気にせず、淡々と直感的に行動し、反応し、ただその瞬間に「するだけ」の境地…すなわちそれが「ゾーン」である。
「ゾーン」へたどり着く方法とは?
約20年間にわたって、多くのトレーダーたちが自信、規律、そして一貫性を習得するために、必要で、勝つ姿勢を教授し、育成支援してきた著者が究極の相場心理を伝授する!

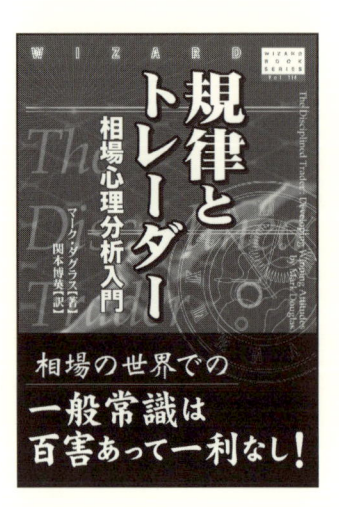

ウィザードブックシリーズ114

規律とトレーダー　相場心理分析入門

定価 本体2,800円+税　　ISBN:9784775970805

トレーディングは心の問題であると悟った投資家・トレーダーたち、必携の書籍!

相場の世界での一般常識は百害あって一利なし!
常識を捨てろ!手法や戦略よりも規律と心を磨け!
本書を読めば、マーケットのあらゆる局面と利益機会に対応できる正しい心構えを学ぶことができる。

マーク・ダグラスの遺言と
トレーダーで成功する秘訣
トレード心理学の大家の集大成！

THE COMPLETE TRADER

ゾーン 最終章

トレーダーで成功するための
マーク・ダグラスからの
最後のアドバイス

マーク・ダグラス
ポーラ・T・ウエッブ［著］
長尾慎太郎［監修］
山口雅裕［訳］

相場心理学の大家による
集大成！

最後の
相場心理学講座

Pan Rolling

ゾーン 最終章

四六判 558頁	マーク・ダグラス, ポーラ・T・ウエッブ
定価 本体2,800円+税	ISBN 9784775972168

　1980年代、トレード心理学は未知の分野であった。創始者の一人であるマーク・ダグラスは当時から、今日ではよく知られているこの分野に多くのトレーダーを導いてきた。

　彼が得意なのはトレードの本質を明らかにすることであり、本書でもその本領を遺憾なく発揮している。そのために、値動きや建玉を実用的に定義しているだけではない。市場が実際にどういう働きをしていて、それはなぜなのかについて、一般に信じられている考えの多くを退けてもいる。どれだけの人が、自分の反対側にもトレードをしている生身の人間がいると意識しているだろうか。また、トレードはコンピューター「ゲーム」にすぎないと誤解している人がどれだけいるだろうか。

　読者はトレード心理学の大家の一人による本書によって、ようやく理解するだろう。相場を絶えず動かし変動させるものは何なのかを。また、マーケットは世界中でトレードをしているすべての人の純粋なエネルギー――彼らがマウスをクリックするたびに発するエネルギーや信念――でいかに支えられているかを。本書を読めば、着実に利益を増やしていくために何をすべきか、どういう考え方をすべきかについて、すべての人の迷いを消し去ってくれるだろう。

マーク・ダグラスのセミナーDVDが登場!!

DVD「ゾーン」
プロトレーダー思考養成講座

定価 本体38,000円+税　ISBN:9784775964163

トレードの成功は手法や戦略よりも、心のあり方によって決まる

ベストセラー『ゾーン』を書いたマーク・ダグラスによる6時間弱の授業を受けたあとは安定的に利益をあげるプロの思考と習慣を学ぶことができるだろう。

こんな人にお薦め

◆ 安定的な利益をあげるプロトレーダーに共通する思考に興味がある
◆ 1回の勝ちトレードに気をとられて、大きく負けたことがある
◆ トレードに感情が伴い、一喜一憂したり恐怖心や自己嫌悪がつきまとう
◆ そこそこ利益を出していて、さらに向上するために
　ご自身のトレードと向き合いたい
◆ マーク・ダグラス氏の本を読み、トレード心理学に興味がある

DVD収録内容

1. 姿勢に関する質問
2. トレードスキル
3. 価格を動かす原動力
4. テクニカル分析の特徴
5. 数学と値動きの関係
6. 自信と恐れの力学
7. プロの考え方ができるようになる

購入者特典 1
書き込んで実践できるあなただけのトレード日誌
付属資料
※画像はイメージです
約180ページ

購入者特典 2
マーク・ダグラス著『ゾーン』『規律とトレーダー』オーディオブック試聴版
※特典ダウンロード
MP3 音声データ

◀ サンプル映像をご覧いただけます
http://www.tradersshop.com/bin/showprod?c=9784775964163

ブレット・N・スティーンバーガー

ニューヨーク州シラキュースにあるSUNYアップステート医科大学で精神医学と行動科学を教える客員教授。2003年に出版された『精神科医が見た投資心理学』（晃洋書房）の著書がある。シカゴのプロップファーム（自己売買専門会社）であるキングズトリー・トレーディング社のトレーダー指導顧問として、多くのプロトレーダーを指導・教育したり、トレーダー訓練プログラムの作成などに当たっている。

ウィザードブックシリーズ 126
トレーダーの精神分析
自分を理解し、自分だけのエッジを見つけた者だけが成功できる

定価 本体2,800円+税　ISBN:9784775970911

性格や能力にフィットしたスタイルを発見しろ！
「メンタル面の強靭さ」がパフォーマンスを向上させる！
「プロの技術とは自分のなかで習慣になったスキルである」
メンタル面を鍛え、エッジを生かせば、成功したトレーダーになれる！
トレーダーのいろいろなメンタルな問題にスポットを当て、それを乗り切る心のあり方などをさらに一歩踏み込んで紹介。

ウィザードブックシリーズ 168
悩めるトレーダーのためのメンタルコーチ術

定価 本体3,800円+税　ISBN:9784775971352

不安や迷いは自分で解決できる！
トレードするとき、つまりリスクと向き合いながらリターンを追求するときに直面する難問や不確実性や悩みや不安は、トレードというビジネス以外の職場でも夫婦・親子・恋人関係でも、同じように直面するものである。
読者自身も知らない、無限の可能性を秘めた潜在能力を最大限に引き出すとともに明日から適用できる実用的な見識や手段をさまざまな角度から紹介。

アリ・キエフ

精神科医で、ストレス管理とパフォーマンス向上が専門。ソーシャル・サイキアトリー・リサーチ・インスティチュートの代表も務める博士は、多くのトレーダーにストレス管理、ゴール設定、パフォーマンス向上についての助言を行っている。

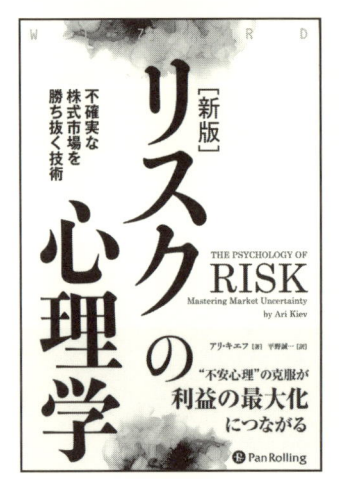

ウィザードブックシリーズ287
リスクの心理学
不確実な株式市場を勝ち抜く技術

定価 本体1,800円+税　ISBN:9784775972564

適切なリスクを取るためのセルフコントロール法

本書では、「リスクを取る意欲の分析」「リスクを管理する方法」「トレーダーを襲う病的なパターンに対処する方法」を中心に解説する。リスクや様々なストレスへの感情的な反応に惑わされることなくトレーディングを行うためのテクニックや原則を伝授する。課題に対処することにより、不確実性と予測不能性に直面したときに行動を起こすことができる。

ウィザードブックシリーズ107
トレーダーの心理学
トレーディングコーチが伝授する達人への道

定価 本体2,800円+税　ISBN:9784775970737

トレーディングの世界的コーチが伝授する成功するトレーダーと消えていくトレーダーの違いとは？

人生でもトレーディングでも成功するためには、勝つことと負けることにかかわるプレッシャーを取り除く必要がある。実際、勝敗に直接結びつくプレッシャーを乗り越えられるかどうかは、成功するトレーダーと普通のトレーダーを分ける主な要因のひとつになっている。

ジャック・D・シュワッガー

現在、マサチューセッツ州にあるマーケット・ウィザーズ・ファンドとLLCの代表を務める。著書にはベストセラーとなった『マーケットの魔術師』『新マーケットの魔術師』『マーケットの魔術師[株式編]』(パンローリング) がある。また、セミナーでの講演も精力的にこなしている。

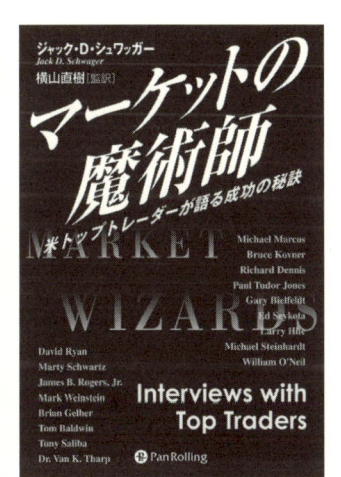

ウィザードブックシリーズ 19
マーケットの魔術師
米トップトレーダーが語る成功の秘訣
定価 本体2,800円+税　ISBN:9784939103407

トレード界の「ドリームチーム」が勢ぞろい
世界中から絶賛されたあの名著が新装版で復刻!
投資を極めたウィザードたちの珠玉のインタビュー集!
今や伝説となった、リチャード・デニス、トム・ボールドウィン、マイケル・マーカス、ブルース・コフナー、ウィリアム・オニール、ポール・チューダー・ジョーンズ、エド・スィコータ、ジム・ロジャーズ、マーティン・シュワルツなど。

ウィザードブックシリーズ 13
新マーケットの魔術師
定価 本体2,800円+税　ISBN:9784939103346

知られざる"ソロス級トレーダー"たちが、率直に公開する成功へのノウハウとその秘訣。高実績を残した者だけが持つ圧倒的な説得力と初級者から上級者までが必要とするヒントの宝庫

ウィザードブックシリーズ 14
マーケットの魔術師 株式編 増補版
定価 本体2,800円+税　ISBN:9784775970232

今でも本当のウィザードはだれだったのか?
だれもが知りたかった「その後のウィザードたちのホントはどうなの?」に、すべて答えた!

ウィザードブックシリーズ 201
続マーケットの魔術師
定価 本体2,800円+税　ISBN:9784775971680

『マーケットの魔術師』シリーズ　10年ぶりの第4弾!先端トレーディング技術と箴言が満載。「驚異の一貫性を誇る」これから伝説になる人、伝説になっている人のインタビュー集。

ウィザードブックシリーズ 66
シュワッガーのテクニカル分析
定価 本体2,900円+税　ISBN:9784775970270

シュワッガーが、これから投資を始める人や投資手法を立て直したい人のために書き下ろした実践チャート入門。

ウィザードブックシリーズ 208
シュワッガーのマーケット教室
定価 本体2,800円+税　ISBN:9784775971758

本書はあらゆるレベルの投資家やトレーダーにとって、現実の市場で欠かせない知恵や投資手法の貴重な情報源となるであろう。

ウィザードブックシリーズ257

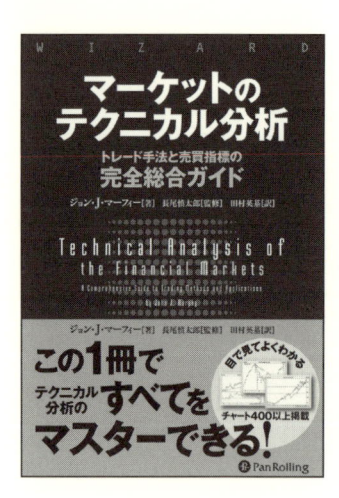

マーケットのテクニカル分析
トレード手法と売買指標の完全総合ガイド

ジョン・J・マーフィー【著】

定価 本体5,800円+税　ISBN:9784775972267

世界的権威が著したテクニカル分析の決定版!

1980年代後半に世に出された『テクニカル・アナリシス・オブ・ザ・フューチャーズ・マーケット(Technical Analysis of the Futures Markets)』は大反響を呼んだ。そして、先物市場のテクニカル分析の考え方とその応用を記した前著は瞬く間に古典となり、今日ではテクニカル分析の「バイブル」とみなされている。そのベストセラーの古典的名著の内容を全面改定し、増補・更新したのが本書である。本書は各要点を分かりやすくするために400もの生きたチャートを付け、解説をより明快にしている。本書を読むことで、チャートの基本的な初級から上級までの応用から最新のコンピューター技術と分析システムの最前線までを一気に知ることができるだろう。

ウィザードブックシリーズ194

利食いと損切りのテクニック
トレード心理学とリスク管理を融合した実践的手法

アレキサンダー・エルダー【著】

定価 本体3,800円+税　ISBN:9784775971628

自分の「売り時」を知る、それが本当のプロだ!

本書は、「売りの世界」について、深く掘り下げており、さまざまなアイデアを提供してくれる。しかも、2007～2009年の"超"弱気相場での具体的なトレード例が満載されており、そこからも多くの貴重な教訓が得られるはずだ。さらに、内容の理解度をチェックするため、全115問の確認テストと詳細な解説も収められている。本書をじっくり読み、売る技術の重要性とすばらしさを認識し、トレードの世界を極めてほしい。

ウィザードブックシリーズ 265

株式トレード 基本と原則

マーク・ミネルヴィニ【著】

定価 本体3,800円+税　ISBN:9784775972342

生涯に渡って使えるトレード力を向上させる知識が満載！

本書はミネルヴィニをアメリカで最も成功した株式トレーダーの1人にしたトレードルールや秘密のテクニックを惜しみなく明らかにしている。株式投資のノウハウに本気で取り組む気持ちさえあれば、リスクを最低限に維持しつつ、リターンを劇的に増やす方法を学ぶことができるだろう。ミネルヴィニは時の試練に耐えた市場で勝つルールの使い方を段階を追って示し、投資成績を向上させて素晴らしいパフォーマンスを達成するために必要な自信もつけさせてくれるだろう。

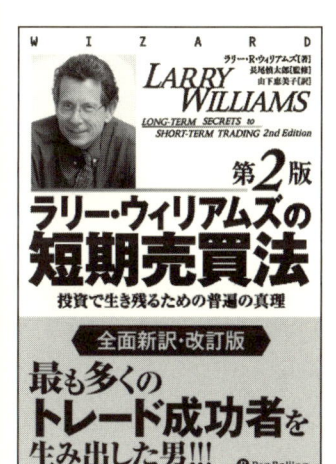

ウィザードブックシリーズ 196

ラリー・ウィリアムズの短期売買法【第2版】
投資で生き残るための普遍の真理

マーク・ミネルヴィニ【著】

定価 本体7,800円+税　ISBN:9784775971604

短期システムトレーディングのバイブル！

読者からの要望の多かった改訂「第2版」が10数年の時を経て、全面新訳。直近10年のマーケットの変化をすべて織り込んだ増補版。日本のトレーディング業界に革命をもたらし、多くの日本人ウィザードを生み出した教科書！ 実践・会得してきた奥義がぎっしり詰まった本書は、これから短期トレーディングを始めようとする人々にとって価値ある情報の宝庫のようなものだろう。

ウィザードブックシリーズ 290

アルゴトレードの入門から実践へ

ケビン・J・ダービー【著】

定価 本体2,800円+税　ISBN:9784775972595

41の仕掛けと11の手仕舞いルールのコード掲載
高校数学（=コードを書く）を小学校の算数で説明

第1部では、個人トレーダーのあなたがアルゴトレードに向いているかどうかが分かる。第2部では、すぐに実践だ。41の仕掛けのアイデア、11の手仕舞いのアイデア、それらのTradeStation用のイージーランゲージコードが掲載されている。本書の一番の特徴である至れり尽くせりの構成によって、「アルゴトレード」をまったく知らない人でも、読み終わったあとはアルゴトレードの本質を理解できるようになるだろう！

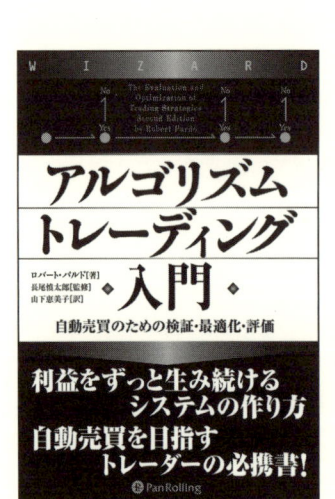

ウィザードブックシリーズ 167

アルゴリズムトレーディング入門　自動売買のための検証・最適化・評価

ロバート・パルド【著】

定価 本体7,800円+税　ISBN:9784775971345

自動売買のバイブル！ トレーディング戦略を正しく検証・最適化するには……

トレーディングゲームがかつてないほど激化し、市場の効率性がかつてないほどに高まった今の時代にあっても、稼ぎ続ける人はいる。それはなぜなのか。それは彼らがエッジを見つけたからである。トレーディングから大きな実りを得るためにはエッジが必要なのである。これからアルゴリズム戦略、つまりメカニカル戦略を開発しようとしている人は、まさにそのエッジに手を伸ばそうとしている人々だ。そのノウハウを本書で身につけてもらいたい。

ウィザードブックシリーズ 285

トレンドフォロー戦略の理論と実践

アレックス・グレイザーマン博士, キャスリン・カミンスキー博士【著】

定価 本体5,800円+税　ISBN:9784775972540

過去800年以上にわたって利益を上げ続けてきた！ クライシスアルファを極める

長年、批判されてきたトレンドフォロー戦略だが、本書では、「歴史的な視野」「トレンドフォロー戦略の基本」「理論的な基盤」「代替資産クラスとしてのトレンドフォロー戦略」「ベンチマークとスタイル分析」「投資ポートフォリオのなかのトレンドフォロー戦略」の各部を通じて、効率的市場やエクイティプレミアムやバイ・アンド・ホールドなどの概念を補完するものであることを明らかにしていく。

ウィザードブックシリーズ 274

トレンドフォロー大全
上げ相場でも下げ相場でもブラックスワン相場でも利益を出す方法

マイケル・W・コベル【著】

定価 本体7,800円+税　ISBN:9784775972434

なぜいつもトレンドフォワーは最後に勝ってしまうのか？ 最強の戦略！

トレンドフォローとは具体的なルール、つまり経験則を使って、人間の行動心理を利用して利益を上げる戦略のことを言うのだ。トレンドフォローは非常に明快で、簡単で、根拠に基づく戦略だ。常にカオスのなかにある複雑な世界で利益を上げたい人にとって、トレンドフォローほど確実な戦略はいまだこの地球上では発見されていない！

ウィザードブックシリーズ 286

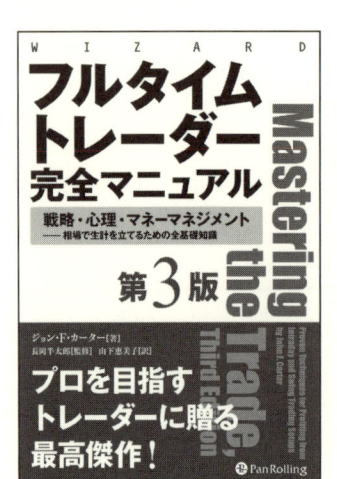

フルタイムトレーダー
完全マニュアル【第3版】

ジョン・F・カーター【著】

定価 本体5,800円+税　ISBN:9784775972557

トレードで生計を立てるための必携書！

トレードに用いるハードウェアやソフトウェアから、市場のメカニズム、仕掛けと手仕舞いパラメーター、ポジションサイジングなど、競争に打ち勝つためのツール一式が本書にはぎっしり詰まっている。本書を読めば、あなたにとってうまくいくもの、いかないものを選別する能力が身につき、株式トレードであろうが、オプション、先物、FXであろうが、あなたに合った堅実なポートフォリオを作成できるはずだ。読者がプロとしてトレードの最前線で活躍でき、トレードで生計を立てられる近道を伝授するのが本書の最大の目的である！

ウィザードブックシリーズ 108

高勝率トレード学のススメ
小さく張って着実に儲ける

マーセル・リンク【著】

定価 本体5,800円+税　ISBN:9784775970744

あなたも利益を上げ続ける少数のベストトレーダーになれる！

夢と希望を胸にトレーディングの世界に入ってくるトレーダーのほとんどは、6カ月もしないうちに無一文になり、そのキャリアを終わらせる。この世でこれほど高い「授業料」を払う場があるだろうか。こうした高い授業料を払うことなく、最初の数カ月を乗り切り、将来も勝てるトレーダーになるためには、市場での実績が証明されたプログラムが不可欠である。本書はこのような過酷なトレーディングの世界で勝つためのプログラムを詳しく解説したものである。